看图秒懂汽车原理

陈新亚 主编

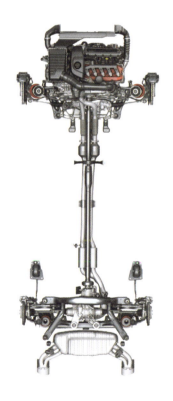

化学工业出版社

·北京·

内容简介

　　本书针对现代人们快速阅读的习惯，期望能让读者在百秒内收获一个汽车知识点，为此，以大量精彩图片和图注，配合通俗文字说明，由浅入深地解读最新汽车原理和构造，具体包括"汽车构造四大总成""发动机盖下有秘密""传动系统接力快跑""行驶系统深藏不露""汽车速度受谁影响""安全系统主动出击""电动汽车怎样奔跑""智能汽车呼啸而至"8章核心内容，最后还附有汽车名称解释。全书还穿插"敲黑板""你知道吗？"小栏目，拓展了相关知识和信息，使得内容既有趣又很丰富。

　　本书适合汽车爱好者，尤其是青少年阅读；汽车专业的学生也可以将其作为学习参考书使用。

图书在版编目（CIP）数据

看图秒懂汽车原理 / 陈新亚主编. —北京：化学工业出版社，2021.10（2025.1重印）
ISBN 978-7-122-39669-3

Ⅰ. ①看… Ⅱ. ①陈… Ⅲ. ①汽车-理论-图解 Ⅳ. ①U46-64

中国版本图书馆CIP数据核字（2021）第157076号

责任编辑：周　红
文字编辑：陈小滔　张　宇
责任校对：宋　夏
装帧设计：王晓宇

出版发行：化学工业出版社
　　　　（北京市东城区青年湖南街13号　邮政编码100011）
印　　装：北京宝隆世纪印刷有限公司
880mm×1092mm　1/16　印张13　字数355千字
2025年1月北京第1版第5次印刷

购书咨询：010-64518888
售后服务：010-64518899
网　　址：http://www.cip.com.cn

凡购买本书，如有缺损质量问题，本社销售中心负责调换。

定　　价：88.00元

版权所有　违者必究

汽车更复杂
看图也秒懂

前言 PREFACE

  问您个事儿，您说汽车是越来越复杂了吗？怎么越来越难懂了？是啊，就像手机越来越复杂一样，汽车也变得日益复杂和难懂，这不仅体现在汽车上的新功能越来越多，增添的新按键让老司机也茫然，而且电动汽车、混动汽车逐渐普及，各种级别的智能驾驶也开始上路，这让很多传统的汽车专家"直接下课"了。

  汽车是个不断进化的机械动物，像人一样也越来越复杂。进入 21 世纪后，汽车在智商方面的进化速度明显加快，电子控制技术、信息传输和智能识别技术的应用越来越多。如果只掌握机械知识，已无法完全解读今天的汽车。现在的汽车，已不再只是由成千上万个机械零件组成的机器，它还由很多你看不见的芯片运算、卫星定位、信息通信、雷达探测甚至激光扫描等构成。现在作为一名汽车工程师还真是很难，要不断学习新技术，掌握新技能。而作为新时代的汽车爱好者或汽车行业从业者，也不是那么容易，也要与时俱进了解汽车新知识，跟上汽车进化的步伐，否则对汽车真是越来越难懂了。

  本书也是个进化的出版物，就像是今天的汽车一样，虽然从外观上看与传统汽车区别不大，但它的内在构成已有很大不同，其实已换了好几代了。本书针对现代人们快速阅读的习惯，期望读者在百秒内收获一个汽车知识点，为此，我们以大量精彩图片和图注，配合通俗文字说明，由浅入深地解读最新汽车原理和构造，包括发动机和电动机、燃油汽车和电动汽车、辅助驾驶和自动驾驶等新鲜知识。这里没有公式，没有表格，没有长篇大论，更没有难懂的专业术语，尽管汽车更加复杂，但依然能"看图秒懂汽车原理"。

目录 CONTENTS

001 第1章 汽车构造四大总成

第 1 节　汽车构造与人体有点像　/ 001

汽车构造：与人体结构有点像　/ 001

零件总数：20000 多个　/ 002

第 2 节　总成与系统　/ 004

整车结构：四大总成同心协力　/ 004

006 第2章 发动机盖下有秘密

第 1 节　发动机动力就是爆炸力　/ 006

气缸：汽车心脏中的心脏　/ 006

动力之源：气缸内的燃烧爆炸　/ 008

燃油燃烧：激烈的化学反应　/ 010

四冲程循环：发动机运转奥秘　/ 012

技术改进：都为提高热效率　/ 014

第 2 节　进气系统像呼吸系统　/ 016

理想空燃比：发动机呼吸空气　/ 016

动力调节：节气门是中介　/ 017

进气原理：气缸像是注射器　/ 018

气门动作：凸轮才是幕后推手　/ 019

气门正时：凸轮轴与曲轴密切配合　/ 020

可变气门：快跑时要大口呼吸　/ 022

增压发动机：有压力才有动力　/ 024

机械增压：大排量发动机的最爱 / 026
中冷器：给压缩气体降降温 / 028
机械增压 VS 涡轮增压：四大不同 / 029

第 3 节　燃油喷射要精准到位 / 030
燃油喷射：进气管喷射和缸内直喷 / 030
燃油供给：从油箱到气缸 / 032
喷油器：精确控制喷油量 / 034
高压油轨：轿车压在指头上 / 035

第 4 节　点火燃烧要迅猛完全 / 036
火花塞：像闪电一样猛烈 / 036
蓄电池：储存发电机的发电量 / 036
点火线圈：将电压放大 1000 多倍 / 037
点火控制：电脑发号施令 / 038
发动机管理：一切尽在电脑掌控之中 / 039
点火启动：点滴动力当涌泉相报 / 040

第 5 节　排气系统要净且静 / 042
排气门：废气被推出气缸 / 042
尾气净化：用贵金属除掉有害物 / 043
排气噪声：给声波传导设置路障 / 044
排气歧管：七扭八歪防干扰 / 045

第 6 节　曲柄连杆改变动力方向 / 046
动力传递：像是在蹬自行车 / 046
活塞：暴力之下很难受 / 048
连杆：顶天立地很关键 / 048
曲轴：发动机的主心骨 / 050
飞轮：像陀螺一样平稳运转 / 051
平衡轴：平衡二次振动 / 051

第 7 节　冷却与润滑循环系统 / 052
冷却系统：防止发动机发高烧 / 052
润滑系统：减小表面摩擦 / 053

第 8 节　另类发动机都很独特 / 054
柴油发动机：不需要点火系统 / 054
转子发动机：活塞也可以旋转 / 056
压燃式汽油机：第三种发动机 / 057

第 9 节　动力性能及评价方法 / 058
多缸发动机：团队力量大 / 058
发动机组成：零件知多少 / 060
扭矩与转速：此消彼长 / 062
扭矩与功率：关系微妙 / 063
特性曲线：看看发动机啥性格 / 064

066 第 3 章　传动系统接力快跑

第 1 节　动力传递路线图 / 066
动力传递：从飞轮到车轮 / 066

第 2 节　离合器似动力开关 / 068
离合器：动力开关 / 068

第 3 节　变速器五花八门 / 069
变速器：为了起步和爬坡 / 069
变速原理：改变传动比 / 070
手动变速器：简单直接纯机械 / 071

换挡操作：走什么路换什么挡 / 072

自动变速器：电脑控制换挡 / 074

液力变矩器：像是两个对吹的风扇 / 075

行星齿轮：变速原理很奇妙 / 076

锁止离合器：没有中间商赚差价 / 078

电控机构：一切换挡听指挥 / 079

无级变速器：顺滑如丝 / 080

双离合变速器：两个离合器来回换 / 082

自动离合变速器：虽简单但也是
　自动 / 086

变速器挡位：像是楼梯台阶 / 087

第4节　驱动形式眼花缭乱 / 088

驱动形式：形式决定性能 / 088

前置前驱：拉着汽车跑 / 089

前置后驱：推着汽车跑 / 090

中置后驱：跑车的最爱 / 091

后置后驱：极个性布局 / 092

前置四驱：前拉后推稳跑 / 093

中置四驱：前拉后推快跑 / 094

后置四驱：前拉后推猛跑 / 095

四驱形式：四条腿派别之分 / 096

第5节　差速器真的很奇妙 / 098

车辆过弯：四个车轮转速不同 / 098

四驱致命弱点：过弯时四轮较劲 / 099

轮间差速器：协调左右车轮过弯 / 100

轴间差速器：协调前后轴过弯 / 101

差速器弱点：一轮打滑，全车瘫痪 / 102

差速限制器：强行限制转速差 / 103

差速器锁：车辆脱困利器 / 104

扭矩矢量分配差速器：单人划艇 / 105

电控多片离合器：聪明分配前后
　动力 / 106

分动器：分配动力的利器 / 108

第6节　万向节传动万向 / 110

万向节：让前轮驱动成为可能 / 110

第4章　行驶系统深藏不露

112

第1节　转向系统要稳而准 / 112

齿轮齿条式转向：齿齿相传很直接 / 112

循环球式转向：钢球传力更圆滑 / 112

转向助力：随车速变化而变化 / 113

四轮转向：后轮见风使舵 / 115

第2节　悬挂系统承上启下 / 116

前轮运动：受四大机构控制 / 116

悬挂系统：像是汽车的腿 / 117

悬挂派别：是独立还是不独立 / 118

悬挂构成：三剑客携手制约车轮 / 120

悬挂性能：都想软硬兼施 / 121

减振器：约束弹簧的紧箍咒 / 122

主动式悬挂：积极应对各种路况 / 123

空气悬挂：空气也能硬起来 / 124

电磁悬挂：反应速度快过闪电 / 126

麦弗逊式悬挂：经典设计 / 127

双叉臂式悬挂：高性能代表 / 128
多连杆式悬挂：让车轮自由跳动 / 129
扭转梁式悬挂：左右仍然相互影响 / 130
主动车身控制：保持车身平衡 / 131
稳定杆：防侧倾的双刃剑 / 132
簧下质量：对操控性影响很大 / 133

第 3 节　制动系统摩擦散热 / 134

盘式制动：抓着车轮使劲摩擦 / 134
制动奥秘：将动能转换为热能 / 135
液压制动：将脚踩力量放大 / 136
真空制动助力器：真空有力量 / 138

第 4 节　车轮轮胎似脚和鞋 / 140

摩擦力：汽车奔跑的直接力量 / 140
车轮与轮胎：汽车的脚和鞋 / 141
轮胎花纹：条条道道都有用 / 142
轮胎结构：竟有很多钢丝 / 143

空气阻力：汽车钻过一个空洞 / 146
空气动力学：看不见的学问 / 147
空阻大小：与车速平方成正比 / 147
风洞试验：飓风中的考验 / 148
空阻系数测算：别把汽车吹跑了 / 149
减小空阻：四处下手 / 150
行驶升力：能让汽车飞起来 / 151
扰流板：倒过来的机翼 / 152
车尾紊流：对两厢车很不利 / 153
车底气流：最好快速通过 / 153
下压力：将赛车吸在地面上 / 154

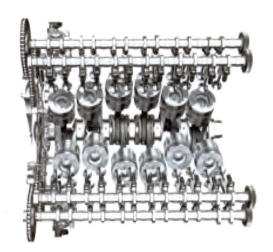

第 5 章　汽车速度受谁影响

第 1 节　加速性能影响分析 / 144

加速时间：加速度的通俗表达 / 144
加速成因：受到外力驱动 / 144
加速性能："质量功率比"决定 / 145
最高车速：阻力与动力相等时 / 145

第 2 节　行驶性能风中考验 / 146

第 6 章　安全系统主动出击

第 1 节　主动安全积极防御 / 156

车轮打滑：附着力被突破了 / 156
四轮驱动：四轮分摊驱动力 / 157
前轮打滑：转向不足冲出路面 / 158

后轮打滑：转向过度原地打转 /159

四轮打滑：整车向弯外平移 /159

ABS：像老司机那样"点刹" /160

TCS：起步时不要用力过猛 /160

ESP：保护车辆安全避险 /161

第2节　被动安全最后防线 /162

车身骨架：面板下的钢铁卫士 /162

承载式与非承载式车身：甲虫与
　大象 /163

车门防撞梁：最贴身的保镖 /164

碰撞吸能：弃卒保车式设计 /165

安全带：不想挨炸就系上 /166

预紧式安全带：用爆炸换安全 /166

安全气囊：胸前的爆炸装置 /167

转速控制：变频调速 /174

减速器：把转速降下来 /176

电动汽车奔跑：不需要变速器 /177

第4节　动力蓄电池管理系统 /178

锂离子电池：离子来回跑 /178

动力电池组：成百上千电池芯排兵
　布阵 /179

电池温度管理：怕冷又怕热 /180

电池安全防护：防撞还要防漏 /181

第5节　热管理系统很复杂 /182

整车热管理：集中供暖和中央
　空调 /182

电动机冷却：收集电动机的余热 /183

第6节　燃料电池自己发电 /184

燃料电池汽车：自带发电站 /184

燃料电池发电：电解水的逆
　反应 /185

第7章　电动汽车怎样奔跑

第1节　电动汽车结构简单 /168

电动汽车：比燃油车简单多了 /168

第2节　电动机原理很神奇 /170

电动机构造：转子在定子怀抱中 /170

电动机特性：起步就是最大扭矩 /171

异步电动机：永远追不上 /172

同步电动机：始终齐步走 /173

第3节　电动机控制靠变频 /174

186
第8章 智能汽车呼啸而至

第 1 节　驾驶辅助贴心安全　/186

驾驶模式：满足个性需求　/186

全地形响应系统：老司机替你开车　/187

变道警告：注意侧后方来车　/188

车道保持：请按车道线行驶　/189

定速巡航：车速闭环控制　/190

自适应巡航控制：与前车保持距离　/191

第 2 节　智能驾驶三大要素　/192

智能座舱：智能化驾乘体验　/192

车联网：人、车、路一网打尽　/193

自动驾驶：是这样实现的　/194

自动驾驶级别：汽车智商评价　/195

196
第9章 汽车名称解释

人类虽有各色人种，但基本体形和构成都一样。汽车的结构和人体有许多相似的地方，可以用人体结构名称来比喻汽车的构成。我们找找看。

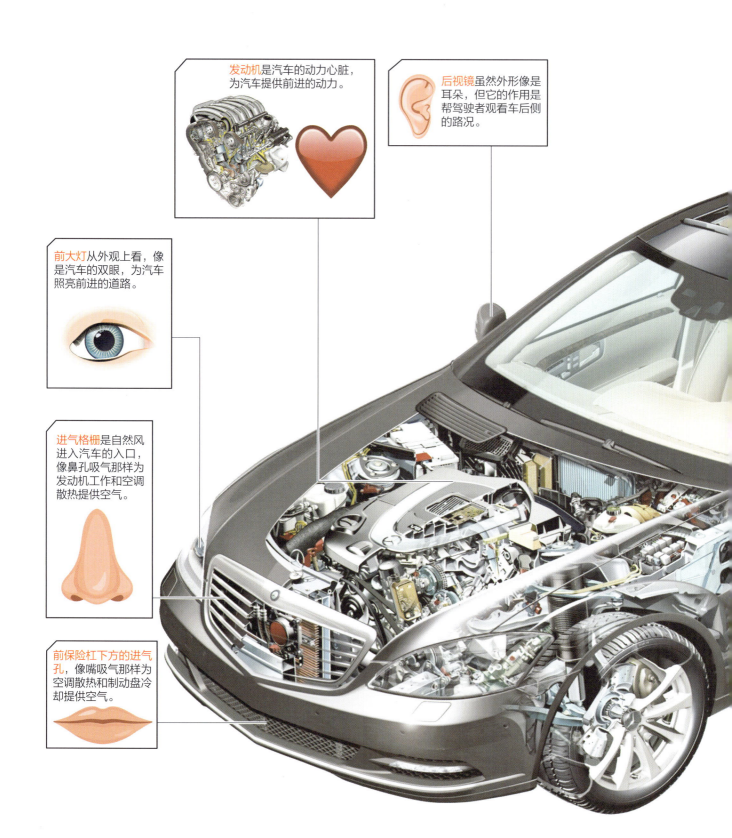

发动机是汽车的动力心脏，为汽车提供前进的动力。

后视镜虽然外形像是耳朵，但它的作用是帮驾驶者观看车后侧的路况。

前大灯从外观上看，像是汽车的双眼，为汽车照亮前进的道路。

进气格栅是自然风进入汽车的入口，像鼻孔吸气那样为发动机工作和空调散热提供空气。

前保险杠下方的进气孔，像嘴吸气那样为空调散热和制动盘冷却提供空气。

第1章
汽车构造四大总成

第1节
汽车构造与人体有点像

汽车构造：与人体结构有点像

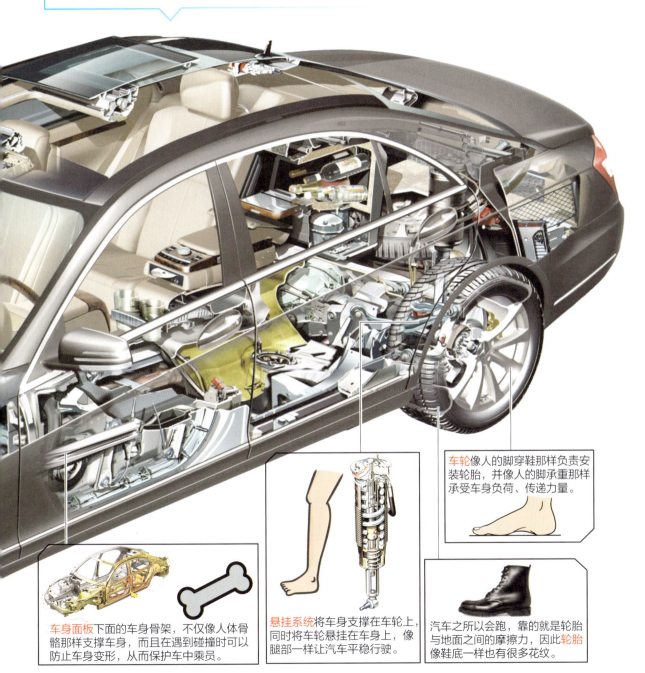

车轮像人的脚穿鞋那样负责安装轮胎，并像人的脚承重那样承受车身负荷、传递力量。

车身面板下面的车身骨架，不仅像人体骨骼那样支撑车身，而且在遇到碰撞时可以防止车身变形，从而保护车中乘员。

悬挂系统将车身支撑在车轮上，同时将车轮悬挂在车身上，像腿部一样让汽车平稳行驶。

汽车之所以会跑，靠的就是轮胎与地面之间的摩擦力，因此**轮胎**像鞋底一样也有很多花纹。

第1章 汽车构造四大总成

零件总数：20000多个

! **敲黑板：**
电动汽车的零件总数可能更多

　　汽车的零件数量没有权威统计，只能大概估计。据估计，一辆普通燃油轿车大概由20000多个不可拆解的独立零部件组成，包括所有电气和机械零部件，包括每个螺栓、螺母和垫片。发动机气缸数量比较多的汽车，它的零部件数量也更多。

　　电动汽车的结构虽然比燃油汽车简单得多，但一辆电动汽车的单体电池就可能有7000多个。

前风窗玻璃
车外后视镜
刮水器(雨刷)
发动机控制单元
发动机罩盖
机油加注口盖
发动机盖
进气管
散热器
进气格栅
进气孔　电风扇　雾灯　前大灯　减振器　制动盘

第1节
汽车构造与人体有点像

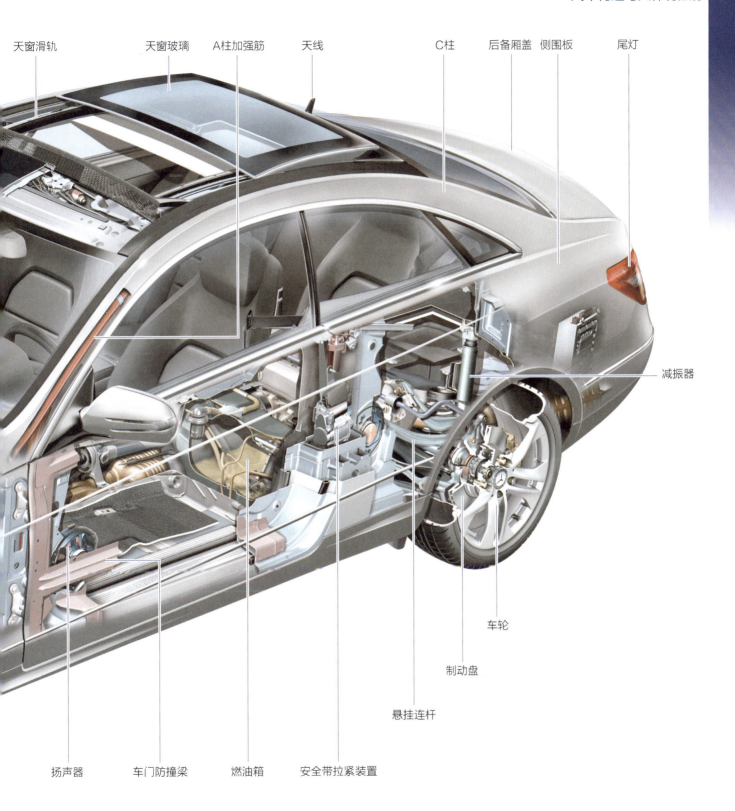

- 天窗滑轨
- 天窗玻璃
- A柱加强筋
- 天线
- C柱
- 后备厢盖
- 侧围板
- 尾灯
- 减振器
- 车轮
- 制动盘
- 悬挂连杆
- 安全带拉紧装置
- 燃油箱
- 车门防撞梁
- 扬声器

第 2 节
总成与系统

整车结构：四大总成同心协力

汽车由车身与底盘两大部分组成，也可以分为车身、动力系统、底盘和电气系统四大总成。

车身　车身部分包括车身骨架、车身钣金件、座椅、内饰、天窗、车身附件等。

第 2 节
总成与系统

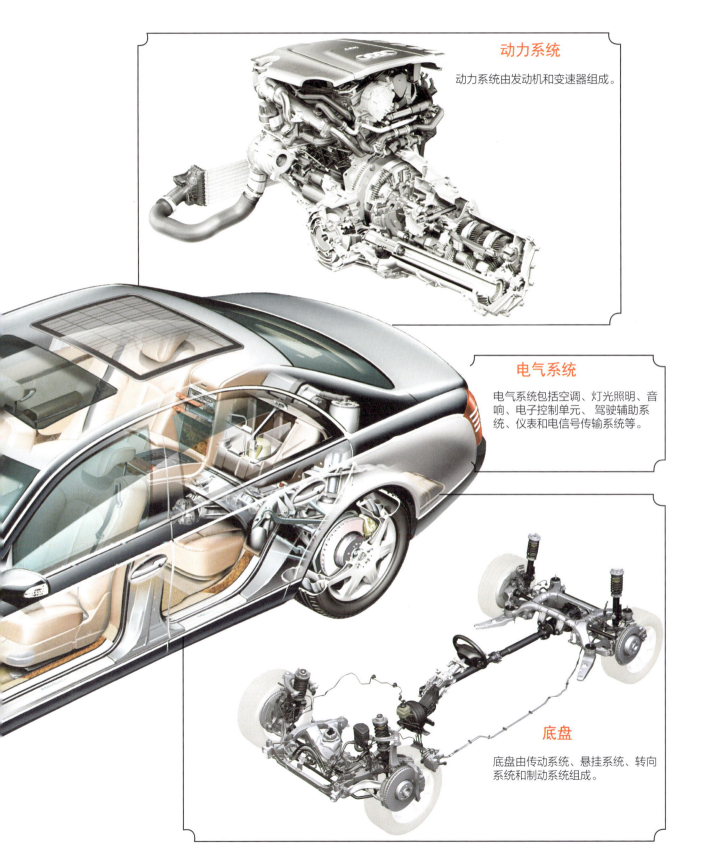

动力系统
动力系统由发动机和变速器组成。

电气系统
电气系统包括空调、灯光照明、音响、电子控制单元、驾驶辅助系统、仪表和电信号传输系统等。

底盘
底盘由传动系统、悬挂系统、转向系统和制动系统组成。

第 2 章
发动机盖下有秘密

第 1 节
发动机动力就是爆炸力

气缸：汽车心脏中的心脏

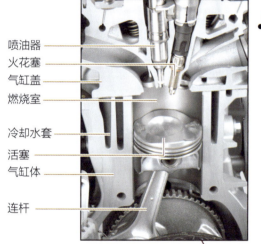

喷油器
火花塞
气缸盖
燃烧室
冷却水套
活塞
气缸体
连杆

发动机气缸

敲黑板：
汽车的动力源自气缸

发动机是汽车的心脏，是汽车的动力之源。而产生动力的源点是在发动机气缸内，燃油在气缸内的燃烧室燃烧产生动力，推动活塞往复运动，再经连杆、曲轴、飞轮、变速器等，最终驱动车轮转动。

每个气缸相当于一个"心脏"。为了增强动力，一般发动机都由多个气缸组成，并按直列、V 型、对置或 W 型排列，共同驱动一根曲轴转动，输出动力。

第 1 节
发动机动力就是爆炸力

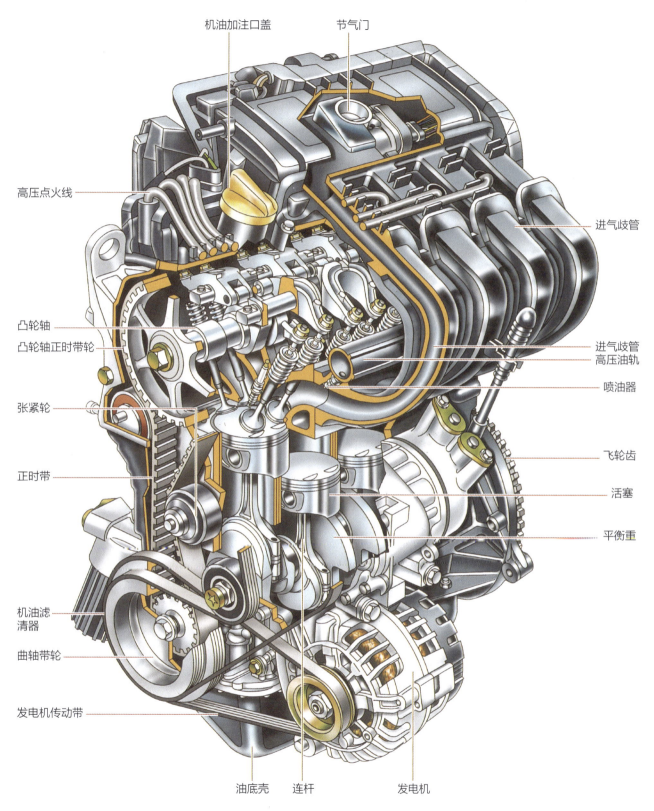

直列 4 缸发动机

第2章 发动机盖下有秘密

动力之源：气缸内的燃烧爆炸

> **敲黑板：**
> 汽油燃烧产生大量热量，气体受热膨胀，膨胀力推动车轮转动

对于四冲程汽油发动机来说，一个活塞在气缸中完成进气、压缩、燃烧、排气四个工作行程，才算是完成一个工作循环。其中燃烧行程实际上是个燃烧爆炸的过程。汽油在狭小密闭的空间内，也就是与鸡蛋大小差不多的燃烧室内，被压缩后点燃，产生大量热量，使缸内气体瞬间膨胀，导致剧烈爆炸，正是这种爆炸力推动活塞上下运动，进而推动连杆、曲轴和车轮运动。

一个活塞在气缸中上下两个来回，并使曲轴旋转两周才能完成一个工作循环。如果此时发动机的转速为3000r/min，也就是50r/s，那么一个活塞在1s内完成25个工作循环，一个气缸内要引起25次燃烧爆炸。那么，对于一个4缸发动机来说，这台发动机每秒就要发生100次燃烧爆炸；对于一个6缸发动机来说，每秒要发生150次燃烧爆炸。

你知道吗？

内燃机和外燃机

汽油发动机和柴油发动机都是内燃机。内燃机是相对外燃机而言的，因为它的燃料在气缸内燃烧并产生动力。外燃机虽然也是推动气缸内活塞运动而做功，但它的燃料是在气缸外燃烧。比如，原来火车上使用的蒸汽机，利用燃料（木材、煤、煤气、柴油等）烧开锅炉中的水，产生高压蒸汽并进入气缸，利用蒸汽压力推动气缸内的活塞运动而做功。发电厂和轮船上使用的汽轮机也是外燃机。

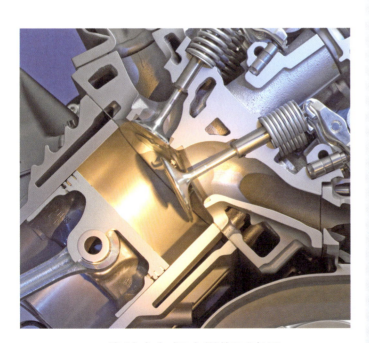

汽油在气缸内燃烧示意图

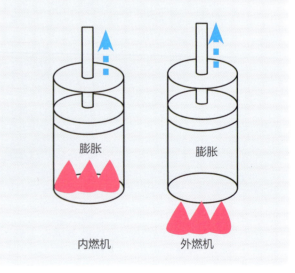

第1节 发动机动力就是爆炸力

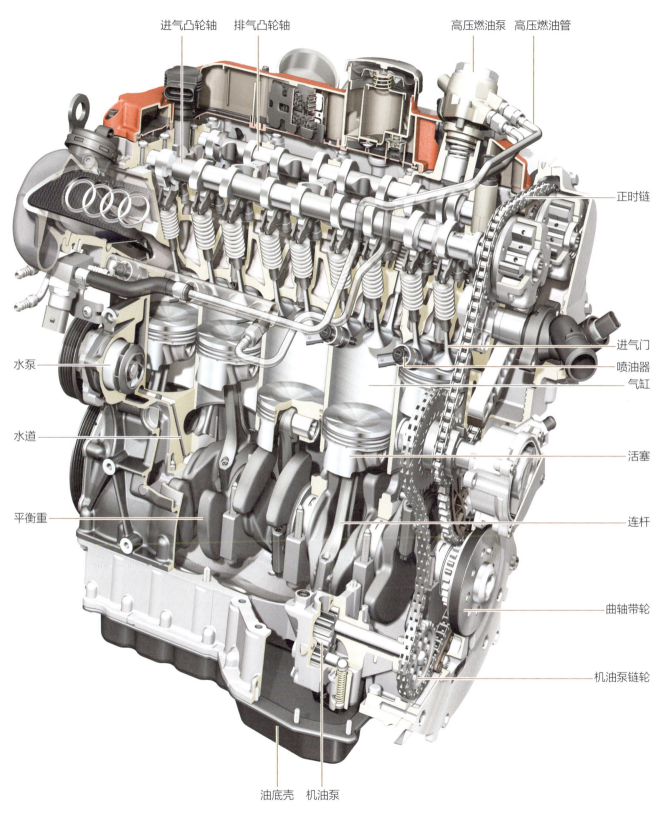

直列5缸发动机

第2章 发动机盖下有秘密

燃油燃烧：激烈的化学反应

! 敲黑板：
汽油 + 氧气 ⟶ 能量 + 二氧化碳 + 水

在气缸内频繁不断进行的燃烧爆炸中，到底发生了什么？其实就是发生了激烈的化学反应。汽油的主要成分是碳氢化合物，只含有碳和氢两种原子。在汽油燃烧爆炸时，碳氢化合物与吸入空气中的氧产生了化学反应，其化学反应式是：

$2C_8H_{18} + 25O_2 \longrightarrow 16CO_2 + 18H_2O$，或简化为：汽油 + 氧气 ⟶ 能量 + 二氧化碳 + 水

如果吸入的空气量不足，那么和碳原子结合的氧原子就会显得少，这样便会生成一部分一氧化碳。在燃烧爆炸的过程中，由于温度极高，还会造成空气中的氮原子被氧化生成一氧化氮和二氧化氮。因此，汽车排气中的主要成分就是一氧化碳、二氧化碳、一氧化氮和二氧化氮等。除二氧化碳外，另外三种都是有害气体。

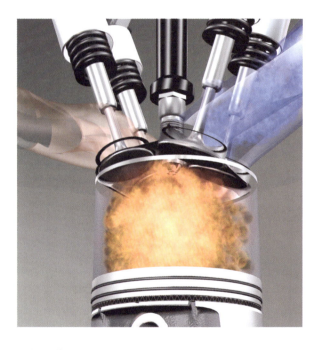

你知道吗？

火焰传播速度

现代汽油发动机在燃烧时的火焰传播速度可达每秒50~80m，从火花塞产生电火花处的火焰中心开始，逐层向四周传播，直到燃烧室内的绝大部分混合气燃烧完毕。火焰传播速度与混合气的成分、密度以及初始温度有关。提高火焰传播速度一直是改进发动机性能的重要研究方向。

你知道吗？

排气管冒蒸汽和滴水

汽车排气管滴水的现象与汽油燃烧时发生的化学反应有关。汽油的主要成分可以用C_8H_{18}表示，它燃烧时的化学反应方程式是：$2C_8H_{18} + 25O_2$ 点燃 $16CO_2 + 18H_2O$，也就是汽油燃烧后会生成二氧化碳和水分子。由于排气管温度较高，往往水分子都被蒸发掉而不会看到滴水现象，只能看到有水蒸气从排气管冒出；但当气温低时，水蒸气排出时遇冷就会被冷凝成水滴出。

电控机构：一切换挡听指挥

! 敲黑板：
信息 → 电磁阀 → 液压机构 → 多片离合器 → 行星齿轮 → 换挡

通过固定行星齿轮中的某个轮，并把某个轮作为主动轮或从动轮，就可实现变速。自动变速器中，这些执行动作都是由多片离合器完成的。

用多片离合器将行星齿轮组的某个轮与变速器外壳相接合，就将其固定了（这种多片离合器也称制动器）；用多片离合器将液力变速器传递来的动力接通到行星齿轮组的某个轮上，也就将其作为主动轮了。只要接通或断开与行星齿轮组关联的各个多片离合器，就可实现挡位变换。

自动变速器中有多个多片离合器，几乎每个挡位都有一个多片离合器。这些多片离合器受液压机构的驱动，而液压机构又受电磁阀的控制，电磁阀则受变速器电脑的指挥。

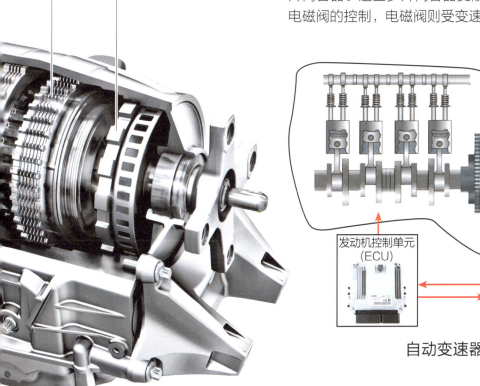

自动变速器控制示意图

变速器控制模块将车速、发动机转速、节气门开度等信息与设定值进行比较，进而确定和控制电磁阀的开度以控制换挡阀的供油油压，从而控制多片离合器的动作，触动某个挡位的行星齿轮组进入相应的传动状态，实现换挡。

第3章 传动系统接力快跑

无级变速器：顺滑如丝

! 敲黑板：
只要调节滑轮直径，即可改变传动比

无级变速器的主要部件是两个滑轮和一条金属带，金属带套在两个滑轮上。滑轮由两块轮盘组成，两块轮盘中间形成一个V形的凹槽。其中，一边轮盘由电控液压机构操纵，根据发动机转速、车速、节气门开度等信息，推拉轮盘，使V形凹槽变宽或变窄，从而改变滑轮凹槽的直径，也就是改变了传动比。

由于无级变速器的传动比是连续变化的，变速时没有其他变速器换挡时的顿挫感，变速平顺，顺滑如丝，在不知不觉间就实现了变速，因此舒适感较好，也更省油。

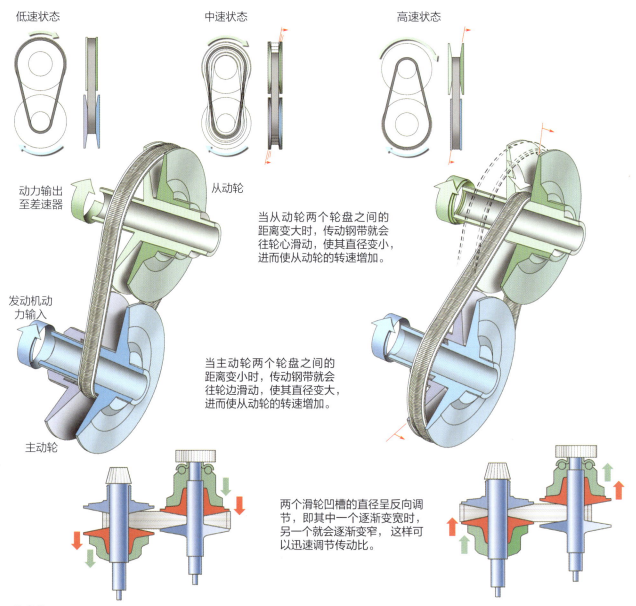

低速状态　　中速状态　　高速状态

动力输出至差速器

从动轮

当从动轮两个轮盘之间的距离变大时，传动钢带就会往轮心滑动，使其直径变小，进而使从动轮的转速增加。

发动机动力输入

当主动轮两个轮盘之间的距离变小时，传动钢带就会往轮边滑动，使其直径变大，进而使从动轮的转速增加。

主动轮

两个滑轮凹槽的直径呈反向调节，即其中一个逐渐变宽时，另一个就会逐渐变窄，这样可以迅速调节传动比。

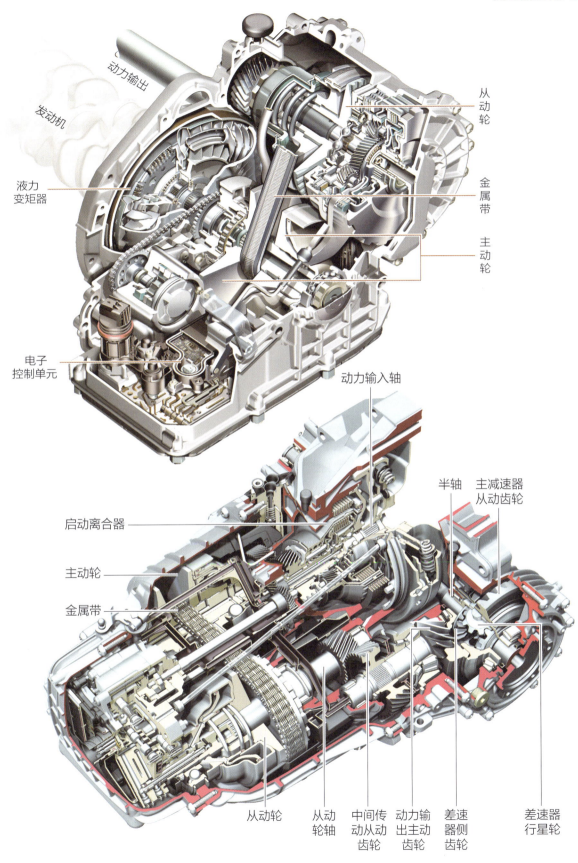

无级变速器构造图

第3章 传动系统接力快跑

双离合变速器：两个离合器来回换

! **敲黑板：**
用切换离合器替代切换齿轮副

　　双离合变速器的内部结构更像是手动变速器，也是采用齿轮组合变速，但它比手动变速器多一个离合器，因此称为双离合变速器。这两个离合器一个负责奇数挡位的切换，一个负责偶数挡位的切换。当车辆以某个挡位运行时，由另一个离合器控制的下一个挡位齿轮组也处于啮合状态。

　　变速器电脑根据驾驶人操作和行驶状态计算后决定需要换挡时，就会指示执行器切换离合器，从而实现挡位变换。切换离合器显然要比切换齿轮组快些，因此双离合变速器不但可以自动变速，传动效率高，而且换挡速度快。

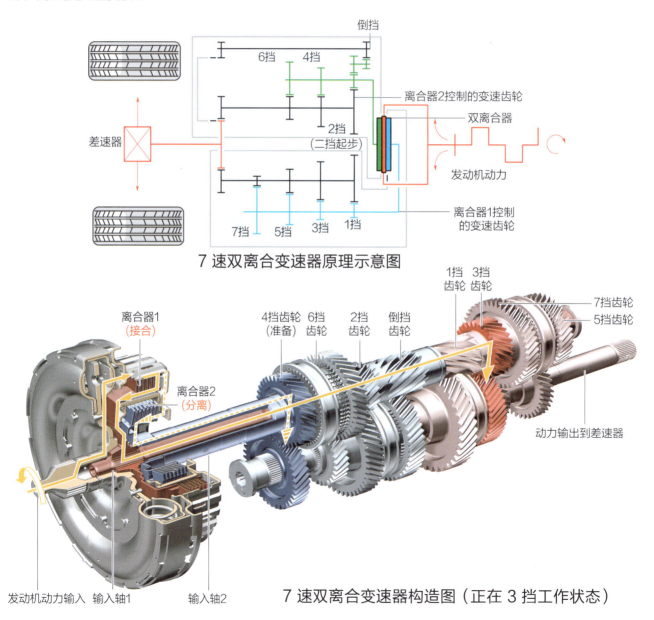

7速双离合变速器原理示意图

7速双离合变速器构造图（正在3挡工作状态）

第 3 节
变速器五花八门

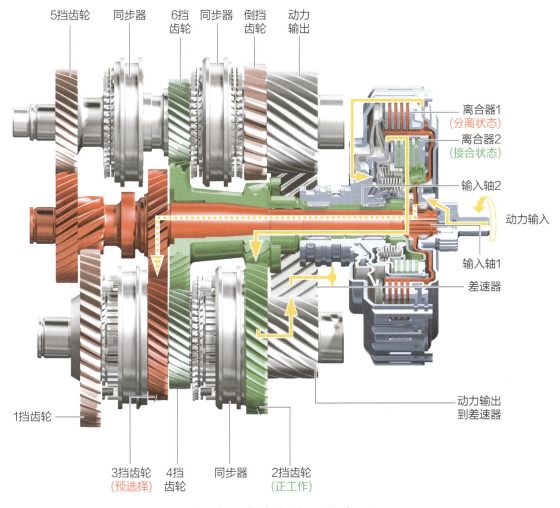

6 速双离合变速器构造图

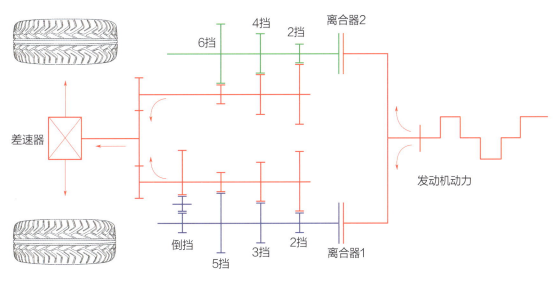

6 速双离合变速器原理示意图

083

第3章 传动系统接力快跑

! 敲黑板：
换挡前新挡位已就位

图为 7 速双离合变速器构造和示意图。离合器 1 控制 1、3、5、7 挡位的齿轮组，离合器 2 控制 2、4、6 挡和倒挡（R）的齿轮组。当变速器以 1 挡起步时，2 挡齿轮组也已处于啮合状态，但离合器 2 并没有接合，2 挡处于等待状态；当车速上来后需要换挡时，离合器 1 分离，离合器 2 接合，2 挡齿轮组立即开始工作。与此同时，由离合器 1 控制的 3 挡齿轮组也完成啮合等待指令，一旦指示换 3 挡，只要让离合器 2 分离、离合器 1 接合即可。这样就省略了手动变速器换挡时挡位空置的一段时间，从而使动力传递更加紧凑、顺畅。

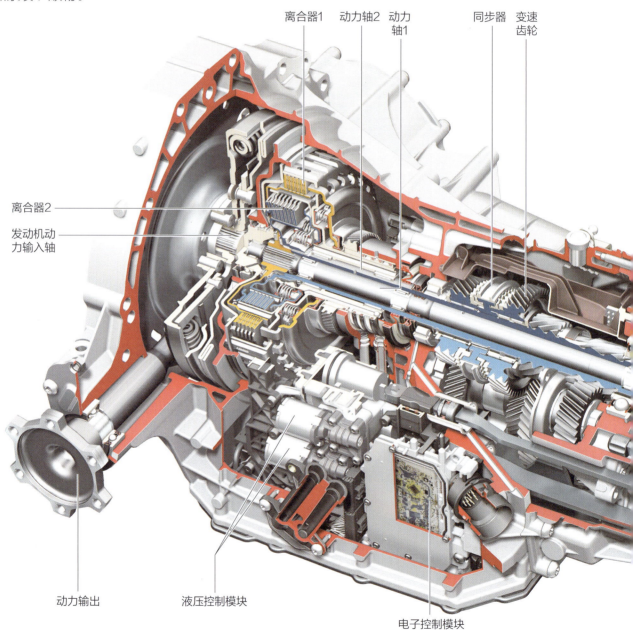

7 速双离合变速器构造图

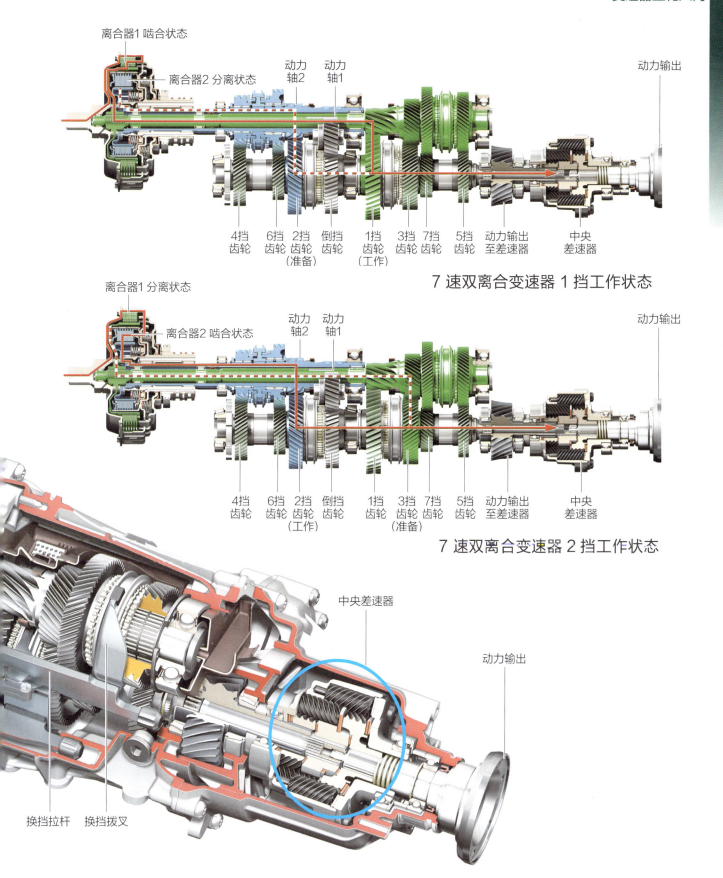

7速双离合变速器 1挡工作状态

7速双离合变速器 2挡工作状态

第3章 传动系统接力快跑

自动离合变速器：虽简单但也是自动

> **敲黑板：**
> **电控液压机构替代人手人脚**

自动离合变速器是在手动变速器的基础上加装一套自动换挡装置，它可以替代驾驶人进行离合器分离及更换挡位的动作。它的基本变速结构和手动变速器是一样的，但它可以利用电子控制单元收集驾驶人的操作信息和车辆运行信息，指挥电子液压机构来操纵离合器和换挡拨叉，从而实现自动换挡。这类在手动变速器的基础上改进而来的变速器，称为自动离合变速器，简称为 AMT（Automated Manual Transmission），也称半自动变速器。这种变速器的换挡顿挫感仍然非常强。

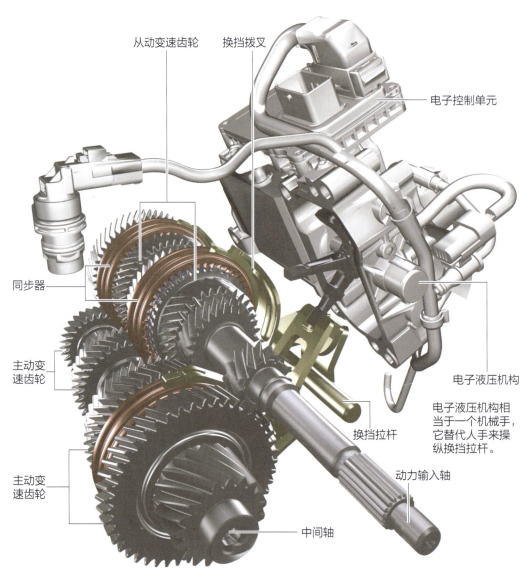

自动离合变速器构造图

变速器挡位：像是楼梯台阶

> **敲黑板：**
> **挡位越多，换挡越平顺**

　　手动变速器和自动变速器都有挡位数，从4速到10速不等。手动变速器一般为4速到6速；自动变速器则从5速到10速都有。挡位数的多少对汽车性能的影响，可以用上楼梯做比较。假设都是上一个3m高的楼层，如果有10个台阶，每个台阶的高度就是0.3m；如果有30个台阶，每个台阶就只有0.1m高了。显然，同一高度下，台阶数越多的楼梯越好上，爬起来也更省力气。

　　对于汽车来讲，如果挡位数较多，邻近挡位之间的传动比就比较接近，那么切换挡位时的顿挫感就较小，汽车运行起来就比较顺畅，舒适性会更好，也更省油。

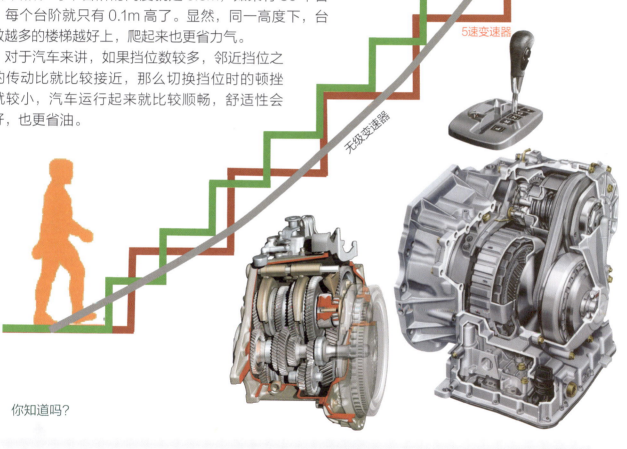

你知道吗？

无级变速也有"挡位"

　　一些无级变速汽车也有"挡位"，用手动模式时有8个或10个挡位供选择，甚至可以用换挡拨片操作"换挡"。

　　由于采用滑轮传递动力，滑轮的直径可能连续变化，因此无级变速器的传动比是连续可调的，没有挡位之说，也没有换挡时的顿挫感，很像是"傻瓜"变速器，缺乏驾驶乐趣。为了弥补这个不足，在变速器的电控程序中，把原本连续的传动比划分为若干个区间，比如设定8个或10个"挡位"，供驾驶者选择，以增加一些驾驶乐趣。从理论上讲，无级变速器可以设定更多的挡位，只要设计师愿意。

第 4 节
驱动形式眼花缭乱

驱动形式：形式决定性能

! 敲黑板：
发动机和驱动轮设计的排列组合

动力系统的选择及驱动形式的设计，对汽车性能特点、前后质量分配比、车内空间安排、车身造型比例等，都会产生重大的影响。

发动机放置在前轴前方，称为前置发动机；发动机放置在前轴后方，称为前中置发动机；发动机放置在后轴前方，称为后中置发动机；发动机放置在后轴后方，称为后置发动机。

发动机气缸排列方向与车轴平行，称为横置发动机；否则称为纵置发动机。

只采用前轮驱动，称为前驱；只采用后轮驱动，称为后驱；采用四个车轮驱动，称为四驱或全驱。

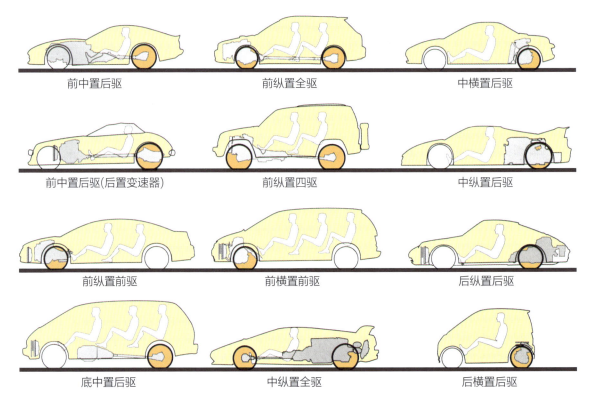

前中置后驱　　前纵置全驱　　中横置后驱
前中置后驱(后置变速器)　　前纵置四驱　　中纵置后驱
前纵置前驱　　前横置前驱　　后纵置后驱
底中置后驱　　中纵置全驱　　后横置后驱

上图为常见的发动机布置和驱动方式。其实，将前纵置发动机、前横置发动机、后纵置发动机、后横置发动机、前中置发动机、后中横置发动机、后中纵置发动机、底中置发动机、前轮驱动、后轮驱动、四轮驱动进行排列组合计算，从理论上讲共有 24 种驱动形式。但实际上，在批量生产的汽车上，我们只能见到图中的 12 种，而常见到的只有五六种。其中前横置前驱和前纵置后驱是最常见的驱动形式。

前置前驱：拉着汽车跑

！敲黑板：
方向性好，但一头沉

将发动机放置在车前部，采用前轮驱动，简称前置前驱（FF，Front engine Front wheel drive）。由于车体是以被前轮"拉着走"的姿势前进，因此 FF 的直线行驶稳定性非常好，或者说它的方向性较好。这可以用超市中的手推车来做试验，你可以用一只手甚至一个指头拉着手推车让它跟着你走，但如果要推手推车，一般都需要两只手才能掌控好它的方向。用手拉着手推车，相当于前轮驱动，推着手推车，则相当于后轮驱动。

FF 是发动机直接驱动前轮，不需经传动轴，动力损耗较小，所以适合小型车。FF 头重尾轻，踩下制动的瞬间容易车头下沉。另外，由于前部较重和前车轮同时负责驱动和转向，因此转向盘较重，转弯半径较大，转向不足也较为明显。

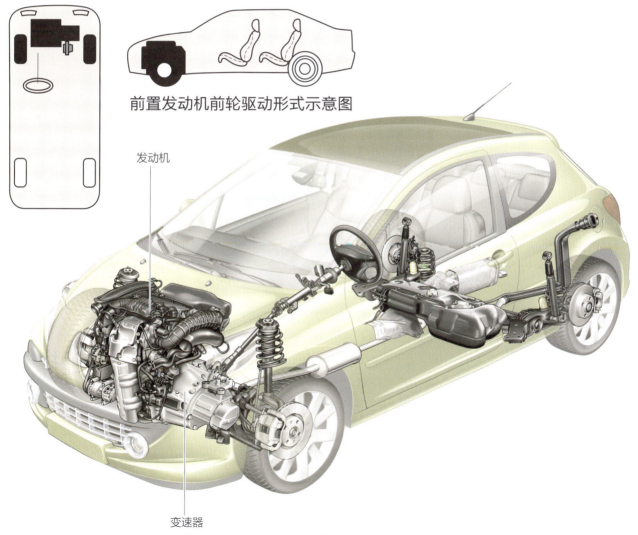

前置发动机前轮驱动形式示意图

前置发动机前轮驱动车型

前置后驱：推着汽车跑

> **敲黑板：**
> **起步加速性能好，但湿滑路面不易驾驶**

发动机放置在车前部而用后轮驱动，简称前置后驱（FR，Front engine Rear wheel drive）。由于前轮仅需承受发动机的质量与负责转向工作，因此，发动机扭矩急剧改变时不会影响到方向的控制。同时，FR 车由后轮负责驱动，车头有空间允许搭载动力更大的发动机，更容易达到理想的 50∶50 的前后配重比，因此高速转弯时较稳定。

任何车在开始起步时整车的质量大部分会加到后轮上，如果是后轮为驱动轮，则可增加驱动轮的"抓地力"，从而提高了整车的起步和加速性能。这也是为什么奔跑较快的动物的后腿都非常发达的主要原因。

同时，FR 车型的前轮只负担发动机质量，因此前轮负担较轻，在紧急制动时不致产生车头下沉、后轮悬空的现象。相对前置发动机前轮驱动车型（FF），FR 车型的传动轴要从前贯穿到后，因此后排中间位置地板不太平整，往往要有一个凸起，从而使后排中间座位空间局促。

另外，由于 FR 车型的转向特性非常灵敏，因此它对驾驶技术的要求会更高些，尤其是在湿滑路面上驾驶时更要注意。

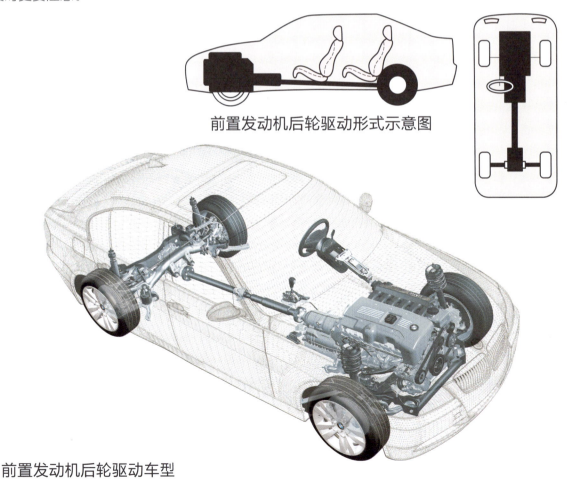

前置发动机后轮驱动形式示意图

前置发动机后轮驱动车型

中置后驱：跑车的最爱

!敲黑板：
起步加速性能好，但直线稳定性差

发动机放在前轴后并采用后轮驱动，称为前中置后驱。发动机放在后轴前并采用后轮驱动，称为后中置后驱。它们统称中置后驱（MR，Middle engine Rear wheel drive）。

中置后驱的最大特点是将车辆中惯性最大的沉重发动机置于靠近车体中央的部位，使车体质量分布几近理想平衡，成为获得最佳运动性能的主要保证。

MR 兼具 FF、FR 的优点，方向灵敏性好，制动时不会出现头沉尾翘的现象。但 MR 有一个先天毛病，即直线稳定性较差。为解决这一问题，所有的 MR 车后轮的尺寸均较前轮大，从而有效地解决了上述先天缺陷。第二个缺点是车厢太窄，一般只有两个座位。另外，由于驾乘人员离发动机太近，因此噪声较大。但是，只追求汽车驾驶性能的人就不会在乎这些。

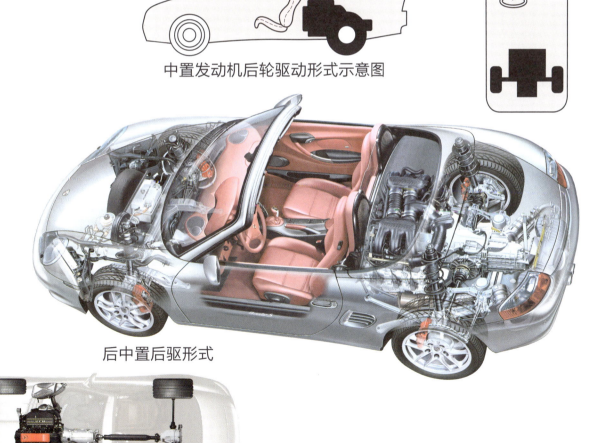

中置发动机后轮驱动形式示意图

后中置后驱形式

前中置后驱形式

第3章 传动系统接力快跑

后置后驱：极个性布局

! 敲黑板：
起步加速性能超好，但一头沉

将发动机放在后轴的后方并采用后轮驱动，简称后置后驱（RR，Rear engine Rear wheel drive）。由于RR车的质量大多集中于后方，又是后轮驱动，所以起步加速性能很好，驱动轮不容易打滑，车子的直线加速性能可达最佳状况。其实RR的布局方式和FF基本一样，只不过这两者是前后相反的。为了充分利用尾部的空间，RR车上的发动机、变速器和差速器等都设计成一体，即使这样，它也与FF遇到同样的问题：由于空间有限它很难配用大排量的发动机。

由于前轮承载较轻，RR车的转弯性能比FR更加敏锐，在开始进入转弯时较容易，但更容易导致转向过度，而且不容易纠正。由于超级跑车才可能采用RR布局，但它又很难配大功率发动机，因此RR车型基本绝迹，只有保时捷仍在采用RR布局方式，主要还是想突出个性。

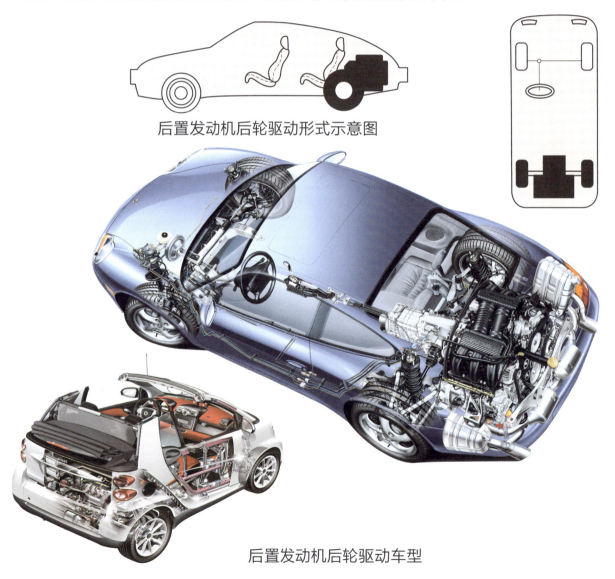

后置发动机后轮驱动形式示意图

后置发动机后轮驱动车型

前置四驱：前拉后推稳跑

> **敲黑板：**
> **整合了前驱和后驱的优势**

发动机放置在前部并采用四轮驱动方式，简称前置四驱（4WD，4 Wheel Drive）。现在主流的四驱车型都采用前置四驱方式。

四轮驱动系统在城市 SUV 和轿车上的应用也越来越广泛，它的最大作用是保证在湿滑路面上拥有更佳的行驶稳定性，尤其是在弯道上行驶时。由于前轮需要一定的转向力，而地面的附着系数又较低，如果此时前轮上的驱动力较大，转向力和驱动力的合力就会突破轮胎的附着力，从而使车辆失控。而如果是四轮驱动，那么前轮只承担部分驱动力，前轮上的驱动力与转向力的合力不容易突破地面附着力，从而保证车辆安全平稳过弯。

前置发动机四轮驱动形式示意图

前置发动机四轮驱动车型

中置四驱：前拉后推快跑

! **敲黑板：**
超级跑车的正常选择

把发动机放置在后轴前，在驱动后轴的同时，还通过中央差速器和一根传动轴，将动力传向前轴，从而形成四轮驱动。这种驱动形式简称中置四驱。一些超级跑车喜欢采用这种驱动方式，如兰博基尼和奥迪的超级跑车。

由于超级跑车的动力比较强大，用两轮驱动时在起步和加速时驱动轮容易打滑。采用四轮驱动后将驱动力分散到四个车轮上，可以减小车轮打滑的可能性。

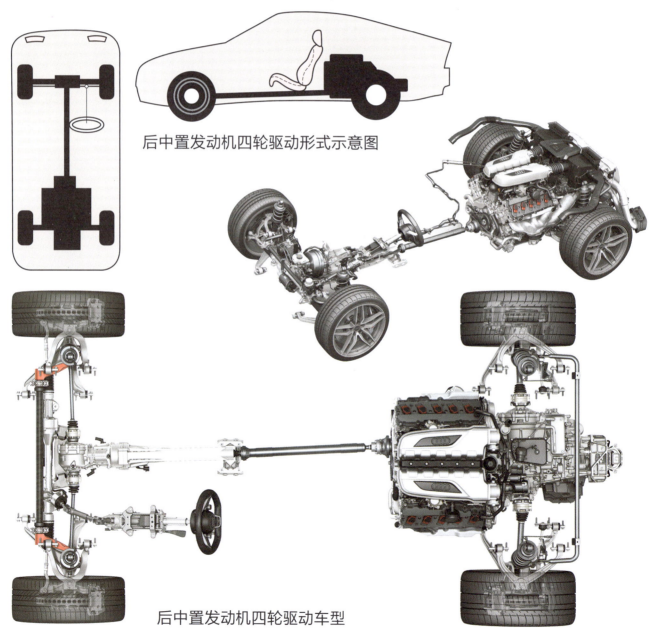

后中置发动机四轮驱动形式示意图

后中置发动机四轮驱动车型

后置四驱：前拉后推猛跑

敲黑板：
个性跑车的特别选择

将发动机放置在后轴后面并采用四轮驱动，就称为后置四驱。

后置四驱较为少见，保时捷 911 四驱车型采用的就是后置四驱方式。由于车体质量集中在后部，因此这种驱动形式的最大优点是起步和加速性能较好。另外，发动机、变速器离后轴非常近，因此它的传动效率也比较高，动力传递快而直接。

由于前部重量轻，前轮附着力较小，因此该驱动形式高速行驶时稳定性稍差，必须借助特殊设计和车身稳定系统保证行驶稳定性。另外，发动机在后部，发动机散热相对比较困难。

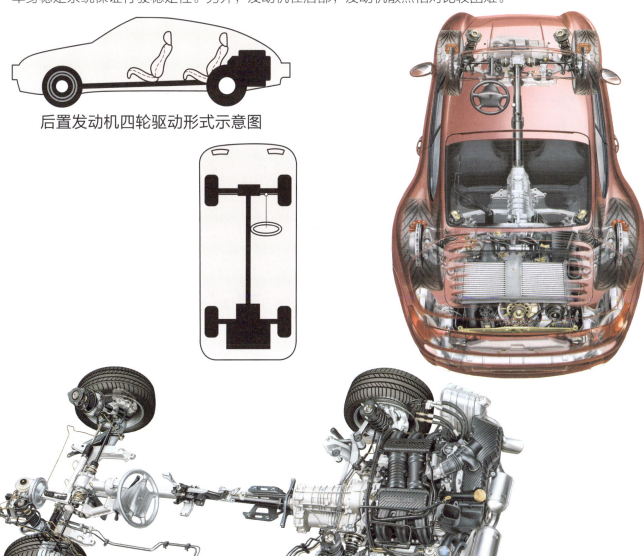

后置发动机四轮驱动形式示意图

后置发动机四轮驱动车型

第3节
制动系统摩擦散热

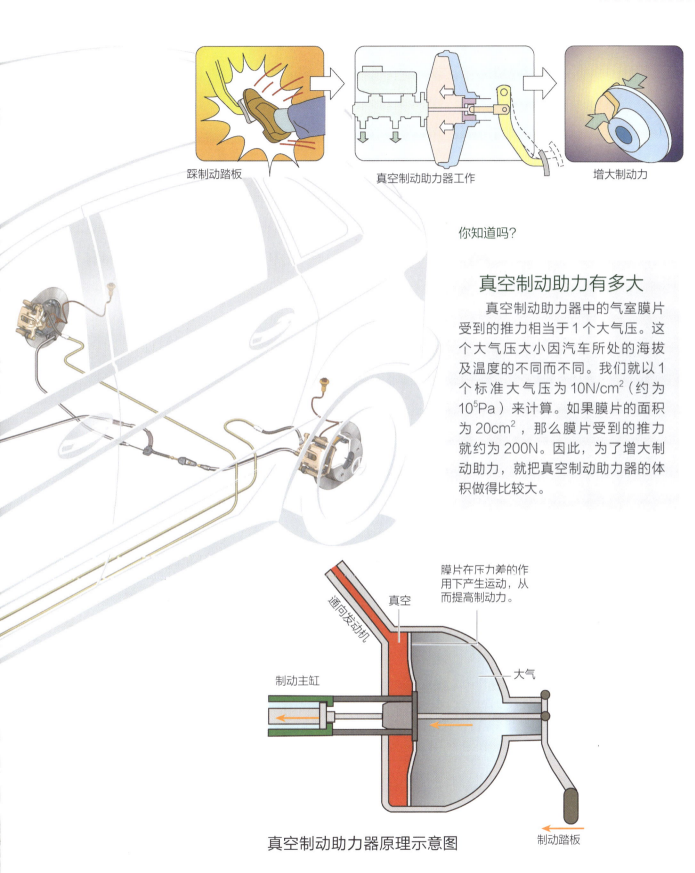

踩制动踏板　　真空制动助力器工作　　增大制动力

你知道吗？

真空制动助力有多大

真空制动助力器中的气室膜片受到的推力相当于1个大气压。这个大气压大小因汽车所处的海拔及温度的不同而不同。我们就以1个标准大气压为 $10N/cm^2$（约为 $10^5 Pa$）来计算。如果膜片的面积为 $20cm^2$，那么膜片受到的推力就约为 200N。因此，为了增大制动助力，就把真空制动助力器的体积做得比较大。

真空制动助力器原理示意图

第4节
车轮轮胎似脚和鞋

摩擦力：汽车奔跑的直接力量

> **敲黑板：**
> **牛顿第三定律——作用力与反作用力**

汽车前进的最直接原因是摩擦力在推动车轮。当车轮向前旋转时，它的轮胎是在利用与地面之间的摩擦力向后推地球。在牛顿第三定律，即作用力与反作用力原理的作用下，地球也会向轮胎施加一个向前的反作用力，从而推动汽车前进。

用手使劲推墙，就会感觉墙也在用力推你。这就是作用力与反作用力现象。车轮转动时，轮胎表面与地面之间产生摩擦力，车轮在摩擦力的作用下向后推动地面，而地面则以同等大小的反作用力推动车轮向前。当驱动轮打滑时，轮胎与地面之间摩擦力为零，这时汽车便不能前进。

汽车制动时，先是制动摩擦片用摩擦力阻止车轮转动，而减速的车轮在地面摩擦力的作用下向前推动地面，地面则向后推动汽车，使汽车减速或停止。

在作用力与反作用力原理的作用下，地面推动汽车奔跑。

车轮与轮胎：汽车的脚和鞋

！敲黑板：
轮胎接地面也只有一个鞋印大小

车轮是指用来支撑轮胎并安装在轴上的金属部件。它由轮辋、轮辐和轮毂三部分组成。现在的车轮都为一体式结构，其结构不再分得那么细，因此现在一般都将车轮统称为轮毂或轮圈。

车轮就像是汽车的脚，而轮胎则更像是汽车的鞋。

车轮一般由钢、合金等金属制成。钢车轮的主要优点是制造工艺简单，成本相对较低，抗金属疲劳能力强。它的缺点是质量大，惯性阻力大，散热性较差等。

合金车轮的优点是质量小，制造精度高，强度大，惯性阻力小，散热能力强，视觉效果好等，缺点是制造工艺复杂，成本高。现在合金车轮主要有铝合金和镁铝合金两种。

人们走路时是依靠两个鞋底与地面间的摩擦力前进的，因此鞋底都设计成花纹状，以增加与地面的摩擦力。轮胎也像是汽车的鞋一样，每个轮胎与地面的接触面也只有一个鞋印大小，四个车轮的接地总面积是成人鞋底总面积的两倍，但它们要承受相当于 20 个成人的重量，行驶速度则是成人的 10 倍还多。因此，轮胎上也要设计很多花纹，以增强车轮与地面间的摩擦力。

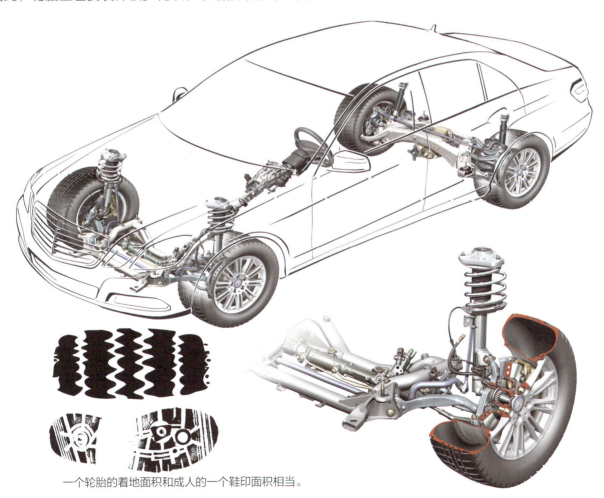

一个轮胎的着地面积和成人的一个鞋印面积相当。

第4章　行驶系统深藏不露

轮胎花纹：条条道道都有用

! **敲黑板：**
胎块用来抓地，沟槽用来排水

轮胎上的花纹不是随便设计的，轮胎花纹不是为了好看，每个胎块都是有分工的，它们各司其职。不同的轮胎花纹左右着轮胎的性能。

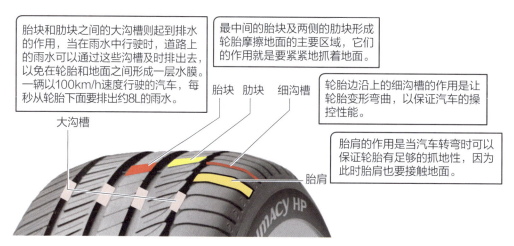

胎块和肋块之间的大沟槽则起到排水的作用，当在雨水中行驶时，道路上的雨水可以通过这些沟槽及时排出去，以免在轮胎和地面之间形成一层水膜。一辆以100km/h速度行驶的汽车，每秒从轮胎下面要排出约8L的雨水。

最中间的胎块及两侧的肋块形成轮胎摩擦地面的主要区域，它们的作用就是要紧紧地抓着地面。

轮胎边沿上的细沟槽的作用是让轮胎变形弯曲，以保证汽车的操控性能。

胎肩的作用是当汽车转弯时可以保证轮胎有足够的抓地性，因为此时胎肩也要接触地面。

大沟槽　胎块　肋块　细沟槽　胎肩

轮胎上还会有其他非常细的沟槽，在干燥路面上行驶时，可以提高汽车的舒适性；而在雨水道路上行驶时可以及时切破水膜，提高汽车的安全性。

因此，如果轮胎花纹比较细腻，沟槽也比较浅，而且比较扁平，那么它可能就是偏重运动特性的干燥轮胎；反之，如果轮胎花纹较大，沟槽较深，那么就可能是雪地或冬季轮胎了。

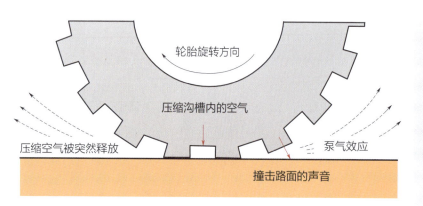

轮胎噪声来源示意图

你知道吗？

轮胎噪声

轮胎的噪声来源于两个方面：一是轮胎凸起部分撞击路面的声音；二是轮胎沟槽内的空气先是被压缩，压缩过后又被释放，这相当于爆破的气球，因此也会产生一个个爆破声。由于轮胎转速较快，听起来就是连续不断的声音。

轮胎结构：竟有很多钢丝

! 敲黑板：
防爆靠钢丝

轮胎的最外层是特别耐磨的厚厚橡胶层，正是它与地面直接接触，依靠它与地面的摩擦力才使汽车能灵活前进和转弯。

它上面的花纹主要是为了增进轮胎的排水功能，保证轮胎的抓地力。

在橡胶层下面是坚固而有弹性的钢丝束带，它能防止轮胎发生突然爆破。

在钢丝束带下面是支撑轮胎并起骨架作用的胎体，它对减小轮胎变形起较大作用。它一般也是由钢丝和其他材料制成的。

轮胎结构示意图

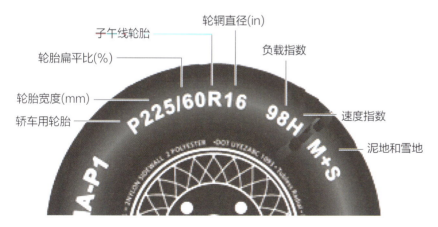

轮胎标识示意图

轮胎扁平比示意图

第 5 章
汽车速度受谁影响

第 1 节
加速性能影响分析

加速时间：加速度的通俗表达

> **敲黑板：**
> **速度的速度**

最高速度虽然是描述汽车动力性能的重要参数，但在实际行驶中很难有机会达到这个极速，一个更好的衡量指标是加速性能。

在日常生活中，我们所说的"加速"是指汽车变得越来越快，也就是指它的速度增加。物理上一般用"加速度"来描述物体的加速性能，并且用"m/s^2"来表示。它的真正含义是"速度的速度"，是衡量速度变化的物理量。但这个概念比较复杂，也不好理解，因此就用"加速时间"来表示汽车的加速性能。比如，从静止加速到 100km/h 所需的时间。超级跑车可以在 4s 内从静止加速到 100km/h。

加速成因：受到外力驱动

> **敲黑板：**
> **牛顿第一定律**

根据牛顿第一定律："任何物体在不受任何外力的作用下，总保持匀速直线运动状态或静止状态，直到有外力迫使它改变这种状态为止。"这就是说，如果物体没有受到外力，它就不会加速，只会保持原来的状态。比如在高铁上打扑克，虽然高铁可以达到 300km/h 的速度，但扑克牌并不会飞走，因为它没有受到外力，因此只能保持原来状态不变。

踩加速踏板给汽车施加动力，汽车也不一定就加速前进，因为汽车还要克服空气阻力和滚动摩擦力。特别是空气阻力，当车速提高后，空气阻力会与车速的平方成正比地增加。如果驱动力与汽车遇到的总阻力相等，此时相当于汽车没有受到外力，那么汽车就以恒定不变的速度前进；如果驱动力大于汽车所遇到的总阻力，此时相当于汽车受到了外力，那么就会加速前进。

加速性能:"质量功率比"决定

> **敲黑板:**
> **牛顿第二定律**

汽车的加速性能优劣并不完全取决于动力大小,还与汽车的质量有关。如果动力一样大小的两辆汽车,一个质量小,一个质量大,那么,毫无疑问质量小的汽车的加速性能会更好。这个规律早被牛顿揭示,这就是牛顿第二定律:"外力使物体产生加速度,而且外力越大或物体越轻,加速度就越大。"

为了比较汽车的加速能力,人们用一个非常简单的比值来说明影响汽车加速性能的因素,那就是比功率。比功率是用发动机的功率(hp 或者 kW)除以汽车的质量(t),如某辆汽车的最大功率是 150hp,重量是 1.5t,那么它的比功率就是 100hp/t。这个数值越高,说明此车的加速性能可能越好。但实际中常把此值倒过来计算,用汽车质量(kg)除以汽车的最大功率值(hp 或 kW),称为质量功率比。它可以更形象地表示汽车的加速潜力。还以刚才那辆汽车为例,用 1500kg 除以 150hp,它的质量功率比是 10kg/hp,表明 1hp 负责驱动 10kg 的质量。此值越小,则说明此车的加速潜力越大。

最高车速:阻力与动力相等时

> **敲黑板:**
> **二力平衡**

汽车在奔跑中还会受到多种阻止汽车前进的力量,即行驶阻力。行驶阻力主要是空气阻力,还有传动机构的机械摩擦力等。当推动力大于行驶阻力时,汽车受到的合力方向是向前,这样就会使汽车产生向前的加速度,车速就会越来越高。

但随着汽车速度的提高,汽车受到的行驶阻力也越来越高。因为行驶阻力中的主要力量是空气阻力,与车速的平方成正比,它随车速增大而迅速增大。当行驶阻力增大到与最大驱动力(即输出最大功率)相等时,这两个大小相等、方向相反的力就达到了平衡,汽车受到的总外力为零。汽车的加速度此时为零,汽车速度不再增加,即达到了最高速度。

由此看来,汽车的最高速度主要与最大驱动力及空气阻力有关。最大驱动力较大的汽车,如大排量发动机汽车,或受空气阻力影响较小的汽车,如流线形车身的跑车,它们的最高车速往往也比较高。

第 2 节
行驶性能风中考验

空气阻力：汽车钻过一个空洞

> **! 敲黑板：**
> **高大的汽车受空气影响大**

汽车行驶时会遇到四大阻力：空气阻力、滚动阻力、坡道阻力和加速阻力。其中空气阻力对汽车的行驶影响较大。虽然看不见，但空气阻力确实存在，在行驶的汽车中将手伸出窗外所感受到的向后推力，就是空气阻力。

空气阻力会消耗汽车的能量，并影响汽车的速度。当汽车在公路上飞奔时，它实际上是在空气中钻过一个洞。高大的汽车必须钻过一个比较高的洞，要付出更艰辛的努力和消耗更多的能量。跑车和赛车都会把车身设计得很低，这样在行驶时只需钻过一个较矮的洞即可，以减小空气阻力。

汽车车身尽量平滑、流线，这样空气可以很顺畅地流过，尽量减小空气对汽车行驶的影响。反之，棱角分明的汽车，在棱角的前面和后面会产生扰乱空气流动的紊流，从而影响空气流过车身的速度，增加空气阻力。

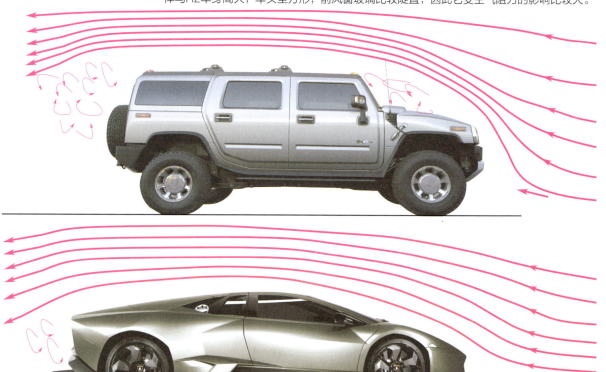

悍马H2车身高大，车头呈方形，前风窗玻璃比较陡直，因此它受空气阻力的影响比较大。

兰博基尼Reventon跑车的车身呈楔形，低矮而扁平，流线性极高，因此它受空气阻力的影响相对较小。

空气动力学：看不见的学问

! 敲黑板：
空气阻力与行驶稳定性

汽车的外形会影响汽车的速度和油耗，因此在设计汽车外形时不仅要考虑它的美观，而且还要研究空气对它的影响。这就是空气动力学在汽车上的应用。空气动力学是流体力学的一个分支，是研究空气或其他气体与飞行器或其他物体发生相对运动的特性的学科。在空气动力学实验中，工程师们最关注两大方面内容：空气阻力和行驶稳定性。

通过空气动力学测试，可以不断修改调整汽车的外观造型，降低汽车的风阻系数，减小汽车行驶中遇到的空气阻力，从而可以节省燃油消耗。据称，每减少10%的空气阻力，就会降低2.5%以上的燃油消耗。

一辆汽车在行驶时，会对相对静止的空气造成不可避免的冲击，空气会因此向四周流动，而蹿入车底的气流便会被暂时困于车底的机械部件之中，空气会被行驶中的汽车拉动。所以当一辆汽车飞驰而过之后，地上的纸张和树叶会被卷起。车底的气流还会对车身产生一股上升力，削弱车轮对地面的抓地力，影响汽车的行驶稳定性和安全性。

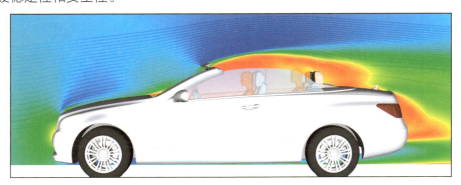

空阻大小：与车速平方成正比

! 敲黑板：
压力阻力与摩擦阻力

空气阻力由压力阻力和摩擦阻力组成。流动的空气作用在汽车外形表面上形成的压力，称为压力阻力。由于空气的黏性而在车身表面产生的摩擦力，称为摩擦阻力。

一般汽车在前进时所受到的空气阻力大致来自前方，除非侧面风速特别大，不然不会对车辆产生太大影响，就算有，也可通过转向盘来修正。

空气阻力对汽车性能的影响很大。一辆车能否顺利从研发至生产，它的油耗指标非常重要。而空气阻力对耗油量有相当大的影响。

空气阻力与车速的平方成正比，如以100km/h的速度行驶时受到的空气阻力，相当于以50km/h行驶时的4倍，是25km/h的16倍。

空气阻力越大，就需要消耗更多的燃油来克服阻力。若外形设计不良，车身风阻系数较大，油耗就较高，就会失去市场竞争力。

第5章 汽车速度受谁影响

风洞试验：飓风中的考验

> **敲黑板：**
> **模拟汽车行驶的最好场景**

在进行汽车开发时，一般要先制成汽车油泥模型，然后在风洞中做试验，测试汽车模型在快速行驶的空气中的性能表现，不断修改和完善，使风阻系数、行驶稳定性达到设计要求。

其实风洞不是个洞，而是一条大型隧道或管道。风洞里面有一个巨型风扇，能产生一股强劲气流。风洞可用来测量汽车的风阻系数 C_d。风阻系数越小，说明它受空气阻力的影响越小。当然，除了用来测量风阻外，风洞还可以用来研究气流绕过车身时所产生的效应，如升力、下压力，并可以模拟不同的气候环境，如炎热、寒冷、下雨或下雪等情况。

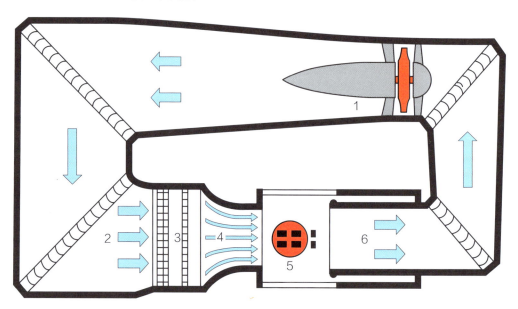

风洞试验室构造示意图

1—风机

2—风洞在此由圆变方

3—导风格栅，让空气分布更均匀

4—气流在此收紧，以增强风速

5—放置被测试物的位置

6—气流又循环流向风机入口

奔驰A级 风阻系数0.26　奔驰CLA风阻系数0.22

一般来讲，大多数轿车的风阻系数在0.30左右，流线形较好的汽车，如跑车等的风阻系数可达到0.26以下。

148

空阻系数测算：别把汽车吹跑了

!敲黑板：
空气阻力系数 =2× 风阻 ÷（空气密度 × 汽车正面面积 × 车速平方）

　　一辆汽车正常行驶时，大致受到三方面的力量：一是发动机输出的驱动力，二是来自地面的摩擦力，三是空气阻力。汽车受空气阻力影响大小的系数称为空气阻力系数，用 C_d 表示。空气阻力系数越小，说明汽车受空气阻力的影响越小；反之亦然。

　　空气阻力系数是根据风洞试验计算出来的。车辆在风洞中测试时，借由风速来模拟车速，用压力计测量汽车需花多大的力抵挡空气阻力，才使该车不至于被风吹得后退。测得所需之力后，再扣除车轮与地面的摩擦力，剩下的就是空气阻力，然后再以空气动力学的公式算出空气阻力系数。

　　空气阻力系数 =2× 风阻 ÷（空气密度 × 汽车正面面积 × 车速平方）

　　一辆汽车的空气阻力系数是固定的，根据空气阻力系数和车速，即可算出汽车在不同车速下所受到的空气阻力大小。

在风洞中测算汽车模型的空阻系数

奔驰B级 风阻系数0.24
奔驰GLA级 风阻系数0.29
奔驰SL级 风阻系数0.27
奔驰C级 风阻系数0.24
奔驰S级 风阻系数0.23

奔驰汽车风阻系数示意图

第5章 汽车速度受谁影响

减小空阻：四处下手

! **敲黑板：**
车身各部位对风阻的影响

车身造型、汽车底部、车轮和车轮室等都会影响空气阻力系数。要想让汽车拥有一个较小的空气阻力系数，主要注重以下方面：

① 将汽车外观造型设计得更流线、更平滑。让车身附件更小巧和隐蔽，让空气更容易、顺畅地通过车身。在尾部不能产生较大的紊乱气流。

② 车轮不能太宽，车轮室不能太深。

③ 车身底部应布局合理，排气管等部件应尽量平整，利于空气从车底通过。

④ 车前部的进气孔设计要合理，使进入到车内的空气量合适，既要有足够的空气保证发动机、制动器冷却，还不要进入太多而造成较大阻力。

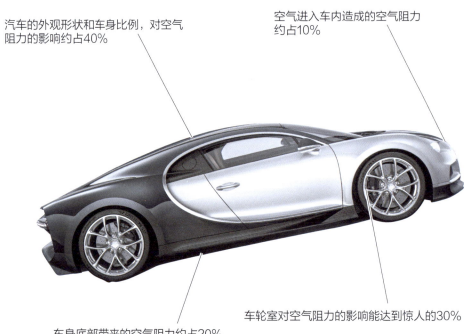

汽车的外观形状和车身比例，对空气阻力的影响约占40%

空气进入车内造成的空气阻力约占10%

车身底部带来的空气阻力约占20%

车轮室对空气阻力的影响能达到惊人的30%

你知道吗？

第一款流线形汽车

1934年，克莱斯勒公司率先将流线形汽车"气流"（Airflow）投入市场。此车的外形是严格按照空气动力学的原理设计的，而且是经风洞试验后研制出来的，然而它的模样却不受人欢迎，结果导致销售惨淡。

"气流"之后，汽车业的领导者们意识到流线形汽车潜力很大，可以采用流线形，但不要与风洞发生关系，因为风洞里开出来的汽车太难看，人们都不想买。

行驶升力：能让汽车飞起来

! **敲黑板：**
   伯努利定律

汽车在行驶时会受到一种向上升的力量，即升力。升力是飞行的基本要素，但就陆地行驶来说，升力却是不利因素。因为车轮要紧贴路面方能产生抓地力，而升力会削弱抓地力。

流线型的车身与飞机机翼有一个共同点：在它们上部表面掠过的空气，其流程比在它们底部掠过的空气流程长。掠过车身上面的空气在相同时间内流程较长，那么这部分空气的流速也就较快。根据流体力学中伯努利（Bernoulli）定律：流体速度越快，压力越小。因此，汽车上部所受的空气压力要比底部小，车身上下的压力差便会产生升力。由于车身造型的原因，每辆汽车多少都会产生升力，而且行驶速度越高，升力越大。

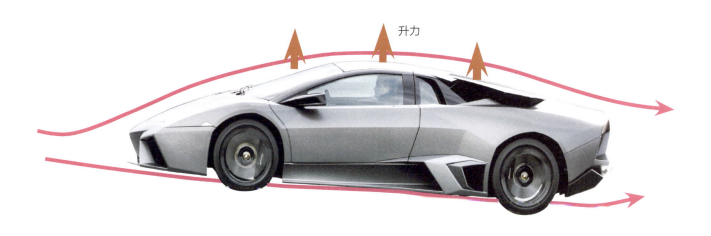

升力虽然有利于减小滚动阻力，但升力太大后，就会使轮胎与地面的摩擦力降低。而汽车就是依靠轮胎与地面的摩擦力前进的，这种摩擦力实际上就是我们常说的轮胎抓地力。抓地力减小后，汽车的驱动力就很容易突破抓地力极限而使车轮打滑，从而影响汽车行驶时的稳定性。因此，在后驱型的跑车或赛车上，往往都会加装扰流板来增强车尾的下压力，从而提高驱动轮的抓地力，保证汽车的操控性和动力性。

第5章　汽车速度受谁影响

扰流板：倒过来的机翼

> **敲黑板：**
> **扰流板产生下压力来增强抓地力**

扰流板是指安装在车身后部的空气动力学部件，以改善和平衡汽车高速行驶时的动力性与稳定性。扰流板是受到机翼的启发而产生的。它的横截面与机翼的横截面相同，只是倒过来安装，平滑面在上，抛物面在下，在行驶中产生下压力，抵消车身产生的升力，增强车轮的抓地力。

汽车上的扰流板有多种式样，如赛车上的扰流板较高，这是为了充分发挥扰流的作用，使没有乱流的气流直接作用在扰流板上。而且为了使它产生的下压力不致作用于车身而抵消其效应，必须将扰流板离开车身表面安装。

两厢车的顶盖后缘常安装像鸭尾那样的扰流板，使顶盖上一部分气流被引导流过后风窗表面。这样既可产生一定的下压力，也可引导气流将后窗表面浮尘消除，避免浮尘附着而影响汽车后视野。

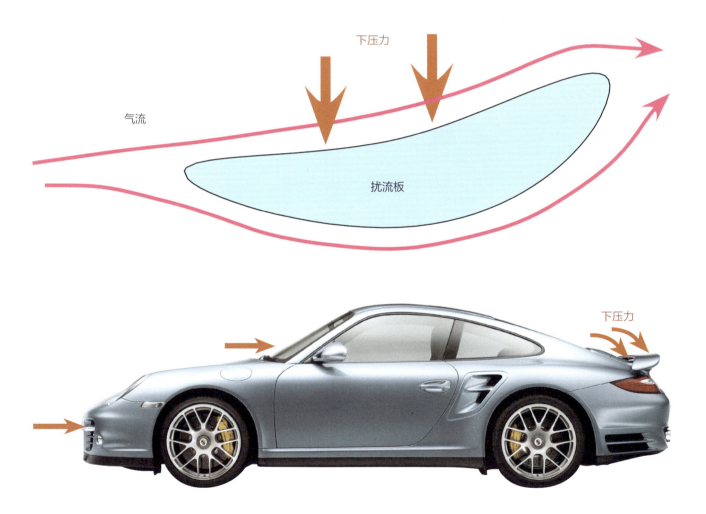

车尾紊流：对两厢车很不利

> **敲黑板：**
> **后风窗处形成负压**

气流在通过汽车时并不是一帆风顺，不仅要遇到阻力，而且在车尾还容易形成紊流，从而影响气流流过车身，无形中增加风阻。尤其是两厢车，尾部紊流更严重。因为两厢车的车顶气流到达后风窗顶端时突然下降，在后风窗处形成负压，从而形成较大的涡流，不仅影响气流通过车顶的速度，而且还导致后风窗蒙上尘土。因此，两厢车一般都会在车尾顶部装上扰流板，以便引导气流顺利流过车尾，并且两厢车都会装备后雨刮器，以便及时清除后风窗上的尘土。三厢车的车顶气流一直到后备厢盖后端时才会下降而形成涡流。但在流过后风窗玻璃时，由于气流所受压强仍然较大，它会快速"扫过"后风窗玻璃，从而使三厢车的后风窗玻璃较两厢车保持更干净状态，因此三厢车的后风窗不需要安装雨刮器。

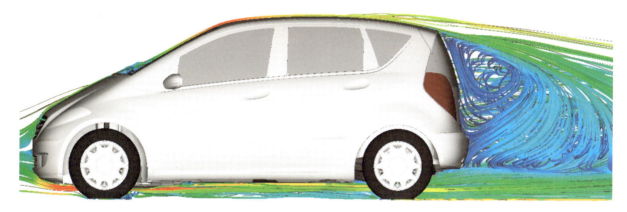

车底气流：最好快速通过

> **敲黑板：**
> **平滑的车底利于减小升力**

车底气流本来就比车顶气流的速度低，正是车身上下的速度差才造成汽车行驶时产生升力。如果车底部不够平滑，那么车底气流的速度就会更低，使车底与车顶的气流速度差更大，从而导致升力增大、抓地力减小，影响汽车的行驶稳定性和动力性。因此，汽车的底部都尽量设计得平滑、顺畅，或用护板将凸起物覆盖起来。F1赛车干脆用一个大护板覆盖在车底部，以提高气流通过车底部的速度。

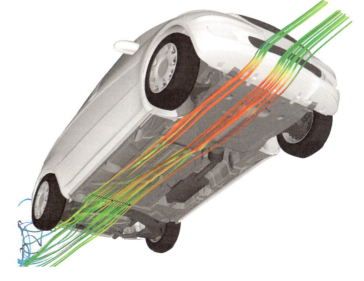

车联网：人、车、路一网打尽

> **敲黑板：**
> V2V，V2R，V2I

车联网技术主要是指车与云平台（V2I）、车与车(V2V)、车与路(V2R)等全方位的网络链接和信息交流与共享。车联网利用传感技术感知车辆的状态信息，并借助通信网络与现代智能信息处理技术，可以实现交通的智能化管理以及车辆的智能化控制。比如，车联网实现车与车之间的信息交流与信息共享，包括车辆位置、行驶速度等车辆状态信息，可用于判断道路车流状况，引导车辆选择最佳行驶路径。车联网还能够为车与车之间的间距提供保障，降低车辆发生碰撞事故的概率。车联网技术主要包括：识别传感技术、网络通信技术、大数据云计算技术和卫星定位技术等。

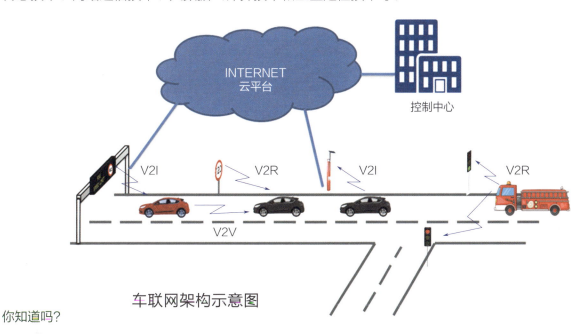

车联网架构示意图

你知道吗？

V2V：防止车与车相撞

V2V 是一种防止车辆与车辆相互碰撞的系统，由车辆上的传感器和专用短程无线电通信 (DSRC) 设备组成，能够实现车辆之间的信息交换，包括速度、方向和制动状态等信息。与超声波传感器、摄像头和雷达相比，车对车通信的能力范围更大 (300m)，因此可以更早、更有效地提醒司机注意危险情况。此外，V2V 还可以与雷达和摄像头结合使用，从而实现更高的安全性。

在紧急制动情况下，如十字路口和左转弯，车辆尾灯（紧急制动）被遮挡的情况下，V2V 尤其有用，这类情况的碰撞发生率最高。此外，V2V 还可以提醒司机注意盲点，在变道时注意周围车辆。

基于 wifi 的专用短程无线电通信 (DSRC) 和基于蜂窝网络的 5G 通信，这两种标准在提供 V2V 通信方面相互竞争、相互排斥，从而也阻碍了 V2V 技术的发展。这两种技术路线各有优势。DSRC 系统一旦安装，将持续运行整个汽车寿命，不依赖任何外部网络。而 5G 速度更快，范围更远，可能更安全实用。然而，DSRC 和 5G 频段相同，但不能互操作，这是一场零和游戏。

第8章 智能汽车呼啸而至

自动驾驶：是这样实现的

> **敲黑板：**
> **环境感知系统**

自动驾驶是指利用电子信息与自动控制技术，辅助或替代驾驶人对汽车进行控制的技术，它的基本原理是通过各种感知系统（如摄像头、测距雷达、激光雷达、超声波传感器、GPS和惯性测量单元等）来感知周围环境，收集驾驶信息、车辆信息和道路信息，经控制单元运算后，指令控制系统（如动力控制、车身控制、安全控制等）操纵汽车的方向、制动和加速等，使汽车能够具备一定的辅助驾驶和自动驾驶功能。

自动驾驶汽车整体架构图

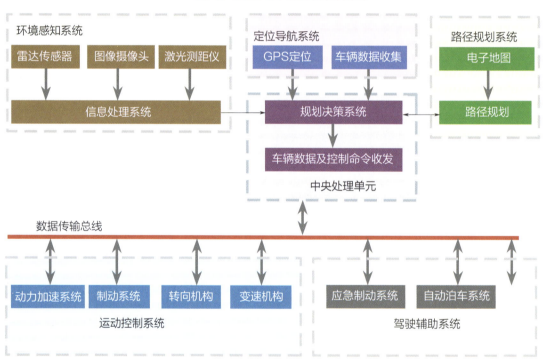

你知道吗？

自动驾驶基础技术

自动驾驶的实现主要得益于汽车操纵的电动化和电子运算技术的进步。具体技术如下：
① 电动转向技术使得汽车可以自动调整转向。
② 发动机电子控制系统使得汽车可以自动加速、减速和巡航行驶。
③ 车身稳定系统、制动辅助系统等，使得汽车可以自动减速、制动甚至停车。
④ 电子运算和传输速度越来越快。针对传感器收集来的繁杂信息，电子控制系统可以做出足够快的反应，从而能在安全时间内应对各种突发状况。

自动驾驶级别：汽车智商评价

！敲黑板：
逐步转让驾驶权限

自动驾驶是指依靠传感器信息收集、视觉计算、人工智能和定位导航系统协同合作，让电子控制单元对车辆的前进、转弯和制动等自动操作，并能主动规避危险和障碍，高度保障车辆安全运行。根据自动化水平的不同，一般将自动驾驶分为 6 个级别：

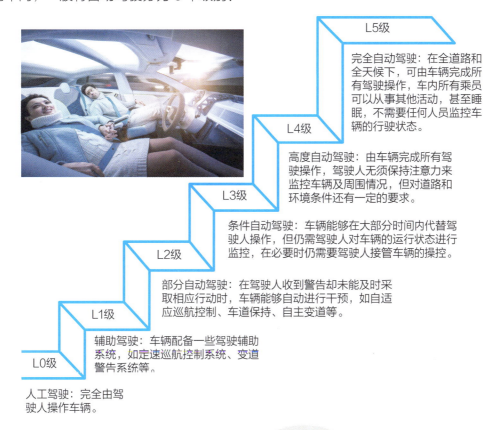

L5级 完全自动驾驶：在全道路和全天候下，可由车辆完成所有驾驶操作，车内所有乘员可以从事其他活动，甚至睡眠，不需要任何人员监控车辆的行驶状态。

L4级 高度自动驾驶：由车辆完成所有驾驶操作，驾驶人无须保持注意力来监控车辆及周围情况，但对道路和环境条件还有一定的要求。

L3级 条件自动驾驶：车辆能够在大部分时间内代替驾驶人操作，但仍需驾驶人对车辆的运行状态进行监控，在必要时仍需要驾驶人接管车辆的操控。

L2级 部分自动驾驶：在驾驶人收到警告却未能及时采取相应行动时，车辆能够自动进行干预，如自适应巡航控制、车道保持、自主变道等。

L1级 辅助驾驶：车辆配备一些驾驶辅助系统，如定速巡航控制系统、变道警告系统等。

L0级 人工驾驶：完全由驾驶人操作车辆。

自动驾驶汽车传感器示意图

第9章
汽车名称解释

汽车可以分为载货车和乘用车，也就是拉货和载人的两大种类。其中乘用车又可分为大客车、中型客车、小型客车和微型客车，以及轿车、SUV、MPV、跑车等车型。为了简单明了起见，不妨把日常使用的汽车分成载货车、客车和轿车三大类。

载货车（Truck）

凡是以拉货为主的汽车都称为载货车或货车，包括大型载货车、轻型载货车、皮卡等。

客车（Bus）

凡是以运客为主要的汽车都称为客车，包括公共汽车、大型客车、中型客车（中巴）、微型客车（微面）等。

大型载货车

轻型载货车

大型客车

中型客车

轿车（Car）

凡是以个人代步工具、商务接待为主要用途的汽车，都可称为轿车，包括三厢和两厢轿车、SUV、MPV、跑车等。

轿车

两厢轿车和三厢轿车

为了更好地描述汽车造型特征，可把汽车按"厢"分类。一般把汽车的发动机舱、驾乘舱和后备厢分别称为汽车的"厢"。

从外形上看，如果这三个厢整合在一起（实际上三个厢都存在），就称为单厢车。如果驾乘室和后备厢在一个厢内（也就是两者是相通的），那么就称为两厢车。如果三个厢从外形上看非常分明，中间的驾乘舱明显高于前端的发动机舱和后面的后备厢，那么就称为三厢车。

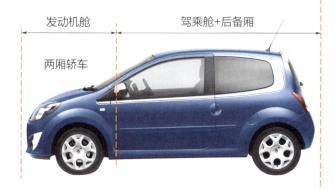

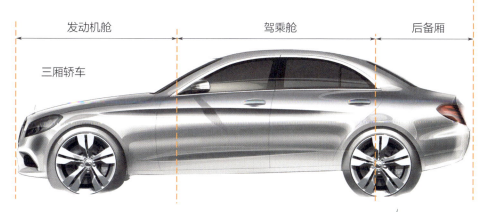

旅行轿车（Wagon）

旅行轿车是在三厢轿车基础上开发的衍生车型。它更适合家庭出游时使用，可以装载更多的行李，实用性更强。它在动力和底盘设计上与三厢轿车基本一致，但对舒适性和实用性的要求更高。

旅行轿车

第9章 汽车名称解释

运动型多功能车（SUV）

SUV车身高大，驾驶视野好，给人强大、安全的印象和感觉。多数SUV为四轮驱动，离地间隙大，通过性能好，适合坏路或恶劣气候条件行驶。轻型SUV常以轿车底盘打造，而重型SUV则一般采用非承载式车身，具有硬朗的悬挂设定和刚性更强的车身架构。

SUV

越野车（Off Roader）

越野车主要是指通过能力非常强的车型。越野车的造型线条突出，风格硬朗，车身离地间隙较高，具有较大的接近角、离去角，轴距相对较短，动力较强，四轮驱动系统性能卓越。有时很难区分越野车和SUV，但明显以通过能力为第一诉求的车型，如奔驰G级、吉普牧马人、北汽勇士、北汽BJ40等，都是不折不扣的越野车。

越野车

多用途车（MPV）

MPV是一种以轿车底盘为基础打造的多功能车，发动机盖和前风窗一般成一条斜线。它不仅拥有较强的装载能力，可以是5座或7座设计，而且拥有更灵活的内部空间布局，更适合于家庭出游、小公司商务活动等。这种车型对舒适性和装载能力要求更高。

MPV

轿跑车（Coupe）

在三厢轿车中有一种后风窗坡度比较小、后背造型非常具备流线形的车型，而且它的后风窗可以和后备厢盖一起打开，这种车型又称快背轿车（Fastback）或溜背轿车。如果这种车型的车身两侧各有一个车门，那么它们就被称为轿跑车（Coupe），也有人称其为"古贝"。

轿跑车

跑车（Sport Car）

跑车没有严格而明确的概念，但一般来说，跑车更强调拥有超高的性能和更炫目的外观设计，动力强大，操控性高，风阻系数小，悬挂硬朗，轮胎大、宽、扁，车身离地间隙较小，行李空间狭小，一般只有两座，产量较小，售价较高。

跑车